JN485217

구어체 아랍어 연습

구어체 아랍어 연습

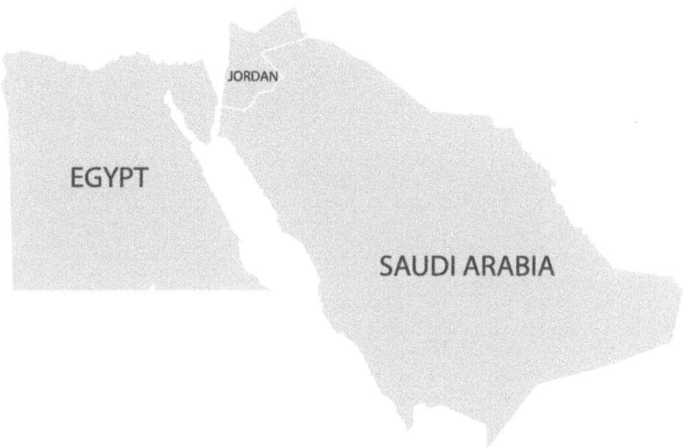

최진영 지음

"요르단, 사우디아라비아, 이집트 방언의 언어적 규칙과
다양한 용례를 통한 구어체 아랍어 연습"

HU:iNE

서문

아랍 사회는 지역이 광대하고 국가의 수도 많듯이 다양한 언어들이 사용된다. 크게 아랍어, 영어, 프랑스어, 베르베르어 등이 사용된다. 한 사회에 한 개 이상의 언어가 사용되는 현상을 다중언어 현상이라 하고 동일 언어의 다른 변종들이 사용되는 것을 양층언어 현상 또는 다층언어 현상이라 부른다. 특히 아랍 사회는 표준어 외에 다른 변종들이 사용되면서 지역과 계층마다 독특한 언어적 특징과 사용 범위를 보이고 있다.

어느 나라든 표준어와 방언들이 혼재한다. 우리나라와 같이 작은 나라에도 지역별 방언들이 존재하는데 미국과 중국, 러시아, 인도 등과 같이 큰 나라에는 많은 방언들이 존재한다. 관건은 표준어와 방언들과의 간격의 정도이다. 아랍 사회는 표준어와 방언과의 간격이 매우 넓고 표준어의 사용 범위는 상대적으로 방언보다 좁다. 다시 말해 표준어는 공식적 상황, 교육 현장, 언론 매체 등에서 사용되고 대부분의 상황에서는 방언이 사용되고 있는 것이 현실이다. 따라서 아랍어 학습자들이 당면하는 문제는 표준어 외에도 방언을 공부해야 한다는 점이다. 다른 외국어인 경우 표준어를 배우면 의사소통에 큰 문제점이 없지만 아랍 세계에서는 표준어의 사용 범위가 좁아 현지인들과 표준어로 의사소통하는 데 어려움이 많다. 이러한 현상을 반영하여 미국 및 유럽의 아랍어 교육 기관에서는 초보자들에게 표준어와 방언을 병행해 가르치거나 일부 방언을 선행적으로 가르치고 있는 곳도 있다. 필자는 이러한 교육 방법도 매우 바람직하다고 생각한다. 언어 학습의 목표가 의사소통의 배양이라고 한다면 수단이 어떻든 쉽고 용이한 언어 수단을 선택해서 가르치는 것도 효과적인 방안이기 때문이다.

본 저서는 아랍어 방언 중에서 요르단, 사우디아라비아, 이집트 방언을 선별하여 음운,

형태, 통사적 언어적 특징과 사용 용례들을 정리하였다. 방언학 또는 방언 연구는 오랜 기간 동안 현지 연구와 조사, 다양한 사례의 수집을 통해 이루어지는 것이 정설이다. 미력이나마 이들 방언들의 언어적 특징과 사용 용례들을 정리하였지만 간과한 부분, 누락된 부분 등이 있을 것으로 생각된다. 아울러 본 교재가 아랍어 방언 학습과 교육에 크게 활용되기를 기대한다.

2023.3

저자 최진영

목차

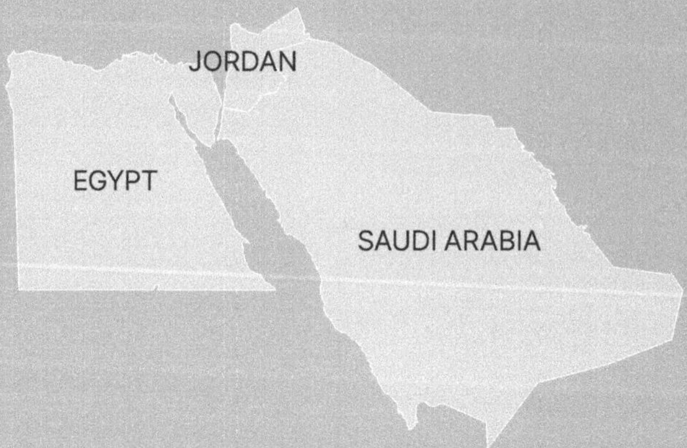
JORDAN
EGYPT
SAUDI ARABIA

제1장
아랍 사회의 양층언어 현상과 의사소통 양식

오늘날 아랍 세계에는 문어체 아랍어(Written Arabic)와 구어체 아랍어(Colloquial Arabic) 간의 차이에 기인한 양층언어 현상이 존재한다. 아랍어의 이 두 가지 형태는 각각 독특한 기능적·구조적 특징을 지니고 있으며, 이슬람 이전 시대부터 상호 간에 영향을 주고받으며 오늘날까지 공존해왔다. 그 각각의 특징으로서 문어체 아랍어는 고대와 중세에는 꾸란의 언어로 간주되는 고전 아랍어(Classical Arabic)로 대변될 수 있었으나, 현대에 와서는 고전 아랍어의 언어적인 특징을 보존하면서 아랍어를 현대화한 현대 표준 아랍어(Modern Standard Arabic)로 인식된다.

한편, 구어체 아랍어는 가정, 개인 간의 대화, 일상생활 등 비격식적인 상황에서 사용되며 지역과 계층에 따라 지역 방언과 사회 방언으로 구분된다.

두 변종 즉, 상위 변종(문어체 아랍어)과 하위 변종(구어체 아랍어)은 어체의 연속층(continuum)을 갖고 양극을 이루며, 해당 언어 공동체 안에서 서로 보완적으로 기능한다. 예를 들어, 아어 화자들은 격식적 상황에서는 상위 변종을 쓰며 비격식적 상황에서는 하위 변종을 사용하고 상황에 따라서는 두 가지 변종을 서로 혼용하기도 한다. 하우겐(Haugen)은 한 언어의 두 가지 변종의 혼용 현상은 일종의 이중언어 현상과 같다고 지적했다.

많은 언어들은 기능적·언어적인 면에서 어느 정도 양층언어 현상을 보여주고 있다. 두 변종 간의 차이가 크지 않을 경우 화자는 거의 노력을 들이지 않고 자연스럽게 격식 언어에서 비격식 언어로 말씨 바꿈(code-switching)을 한다.

그러나 아랍어의 경우는 두 변종 간의 차이가 상당히 커서 말씨 바꿈 현상이 쉽지 않다. 이것은 아랍어 사용 환경이 상당히 복합적이라는 것을 의미한다. 아랍 화자는 양층언어 현상에 익숙해져 있지만 두 변종을 사용하는데 어느 정도의 어려움을 갖는다.

아랍어 사용 환경이 복합적으로 된 배경에는 과거 30년 동안의 도시화와 산업화의 결과, 사회 구조의 변화로 인한 다양한 계층의 구성원 간에 통용될 수 있는 다양한 변종들의 등장과 근본적으로 문어체 아랍어와 구어체 아랍어 간의 현격한 언어적 차이를 들 수 있다. 아랍어 변종의 층위에 대한 대표적 연구로는 퍼거슨(Ferguson)의 양층구조 개념을 다층구조로 확장한 블랑크(Blanc)와 바다위(Badawi)의 연구가 있다. 특히 바다위는 사회 언어학적인 측면에서 아랍어의 변종과 층위를 다섯 가지로 구분했다.

가) 고전 아랍어(فصحى التراث)

나) 현대 표준 아랍어(فصحى العصر)

다) 교양 구어체 아랍어(عاميّة المثقّفين)

라) 표준 구어체 아랍어(عاميّة المتنورّين)

마) 문맹인의 구어체 아랍어(عاميّة الأمّيين)

아랍어의 변종과 층위에 대한 블랑크와 바다위의 다층적 구분은 아랍어의 언어환경이 단순히 양층언어 현상을 보이는 것이 아니라 다수의 변종에 의한 다층언어 현상을 사회언어학적 특징으로 갖고 있음을 보여주고 있다. 따라서 아랍어 원화자는 아랍어로 말할 때 한 층위에서 다른 층위로 옮겨가는 데 있어서 매우 다양한 차이를 보여주고 있다. 그 이유는 상위 변종(High Variety:H)과 하위 변종(Low Variety:L) 간의 사용 환경이 다르고 언어적인 면에서도 상당한 차이를 보이기 때문이며, 또한 양 변종 간에 여러 층위의 변종들이 존재하고 있기 때문이다.

문어체 표준어와 방언 사이에 다수의 변종들이 연속층을 이루며 존재함에 따라 원화자는 언어 상황이나 다른 외적 요인에 의해 다양한 변종을 선택하게 된다. 즉, 아랍어 원화자는 양 변종 사이의 연속체에서 중간 변종을 사용하는 말씨 바꾸기를 하게 된다. 말씨 바꾸기는 아랍어 원화자의 중요한 발화습관으로 간주된다.

다양한 중간 변종에서 공통 구어체의 기능을 하게 된 변종이 있는데 미첼(Mitchell)(1986)은 이 변종을 '교양 구어체 아랍어'(Educated Spoken Arabic)라 불렀고, 다른 학자들은 '격식 구어체 아랍어'(Formal Spoken Arabic)라 불렀다. 교양 구어체 아랍어는 현대표준 아랍어의 간소화된 형태로 격(case)과 법(mood)을 나타내는 어미 변화의 복잡성이 없으며 어느 정도 해당 지역 방언의 어휘적, 형태적, 그리고 통사적 특성을 나타낸다. 교양 구어체 아랍어는 교육받은 화자들이 비격식 상황에서 가장 많이 사용하는 변종이다.

교양 구어체 아랍어에서 보듯이 중간 변종의 발달 과정에서 중요한 것은 변종이 끊임없이, 그리고 계속 문어체 변종 쪽으로 가까워진다는 사실이다. 이러한 사실은 아랍 세계에서 교육받은 화자들의 수가 증가하고 사회적 신분을 나타내기 위해 화자들이 의식적으로 표준 아랍어나 교양 구어체 아랍어를 사용하려는 점에서 나타난다.

예를 들어, 요르단 방언에서 문어체 아랍어의 음가 /q/는 도시 방언에서 성문폐쇄음인 /ʔ/로 발음되는데 시골 지역의 화자들이 의도적으로 도시 방언의 음가 /ʔ/로 발음하려는 경향을 보인다든지 이집트에서는 치간음 /th/를 교육 받은 사람은 /s/로 발음하고 문맹인들은 /t/로 발음하는데 의도적으로 /s/로 발음하려는 경향이 있다는 것은 이러한 사실을 입증해준다.

하층 변종이 상층 쪽으로 섞이는 현상은 아랍어 양층언어 현상이 이분법적으로 양분되거나 정적(靜的)인 것이 아니라 오히려 동적(動的)이라는 사실을 의미한다. 미국 캘리포니아 대학교의 아랍어 언어학자인 알란 카에(Alan Kaye)(1997)는 양층언어의 상황을 두 개의 별개의 범주를 의미한다기보다는 연속층(continuum)의 개념을 쓰는 것이 더 효과적이라고 하였다.

상층 변종(문어체 아랍어)	←	중간 변종	→	하층 변종(구어체 아랍어)

위의 〈표〉는 아랍 사회의 언어 상황을 잘 나타내고 있다. 상층 변종과 하층 변종을 구성하는 문어체와 구어체는 사실상 양극을 이루며 사이에 중간 변종들이 존재한다. 바다위의 구분을 적용하면 표준 아랍어, 교양 구어체 아랍어, 표준 구어체 아랍어 등이 중간 변종에 속한다. 이 변종들은 연속체를 이루며 언어 상황에 따라 좌우로 변화하는데 왼쪽으로 이동하면 표준 아랍어로 인식되며 오른쪽으로 이동하면 교양 구어체 아랍어와 표준 구어체 아랍어로 인식된다.

실제 언어 상황에서 양극을 이루는 상층 변종인 고전 아랍어는 종교인들에 의해 사용되거나 종교 의식과 관련된 상황에서만 사용되고 하층 변종인 순수 구어체 아랍어는 문맹인들에 의해 사용되기 때문에 매우 제한적으로 사용되거나 거의 사용되지 않는다. 그러나 중간 변종들은 다양하고 폭넓은 사용 범위를 갖고 있다. 이러한 다층언어 현상은 모든 아랍국가의 언어 상황에 보편적으로 적용되고 있다.

결론적으로 아랍 세계의 언어 상황을 양층언어 현상으로 정의하기보다는 상층과 하층 변종 간에 다양한 변종이 존재함에 따라 두 변종 사이에 놓인 스펙트럼의 연속체 즉, 다층언어 현상으로 정의하는 것이 타당할 것이다.

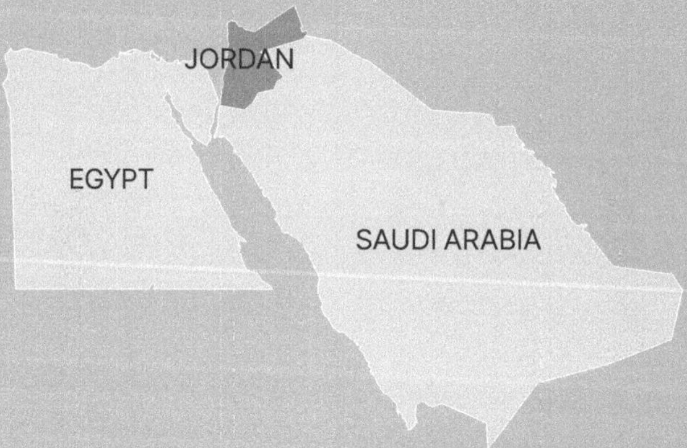
JORDAN
EGYPT
SAUDI ARABIA

제2장

요르단 구어체 아랍어

요르단 사회도 역시 한 언어 내에 문어체와 구어체 즉, 상층과 하층 변종의 층위 구별에 따른 언어현상인 양층언어 현상을 사회·언어학적 특징으로 갖고 있다. 양층언어 현상에 따라 공식적인 상황에서 사용되는 상위 변종과 비공식적인 상황에서 사용되는 하위 변종 즉, 방언이 한 언어 공동체 내에서 각각의 독특한 기능을 하며 공존하고 있다.

일반적으로 방언 연구의 성과는 주로 어휘 연구에서 나타난다. 현존하는 어휘와 그 어휘의 방언적 분포 상태를 통해서 어휘의 역사를 재구성할 수 있으며, 이를 통해 지리적·사회적 변화 요인을 통시적으로 살필 수 있다. 한편, 현존하는 방언은 상층 변종인 문어체와 함께 각각의 사회적 기능을 하는데, 이러한 사회적 기능은 언어 사회 구성원들의 복합적인 언어 사용 현상과 대응 양상으로 표시된다.

따라서 방언 사용에 대한 공시적 연구는 언어 사회의 현재 상황과 언어 사회 구성원들의 언어 사용과 관련된 심리적인 측면 등을 고찰할 수 있는 좋은 기회가 된다. 더욱이 변종들간의 다양성으로 다층언어 현상으로 대별되는 아랍 사회의 언어 상황은 변종들의 사회적 역할 및 기능을 공시적으로 연구함으로써 규명될 수 있다. 그러므로 방언 연구는 방언 사용 지역의 언어적 상황뿐만 아니라 사회·문화적 변화의 양상 등을 고찰하고, 지역의 독특한 언어 구조가 사회·문화적 변화에 어떻게 영향을 미치는지를 연구한다는 점에서 지역 연구의 목적에 부합된다고 말할 수 있다.

본 연구는 요르단 방언에 대한 사회·언어적 연구를 통해 요르단 사회의 언어, 사회, 문화를 포괄적으로 다룸으로써 레반트 지역 연구의 활성화에 기여하고 방언 연구에 대한 독자적 연구의 지표를 제시해주리라 기대된다는 점에서 연구의 필요성이 있다.

1. 요르단 구어체 아랍어의 유형

전술한 바와 같이 요르단 언어 사회도 다층언어 현상의 특징을 갖고 있다. 즉, 고전 아랍어와 순수 구어체 아랍어를 양극으로 중간에 여러 종류의 중간 변종들이 사용되고 있다. 일반적으로 표준 아랍어는 교육받은 화자들을 중심으로 아랍 세계의 통합적인 의사소통수단의 기능을 하고 있으며, 주로 방송, 시사 토론, 신문 등의 매스미디어의 언어로, 그리고 학교, 공식 행사 등의 격식적 상황에서 사용된다.

그러나 표준 아랍어를 아랍어 화자들의 보편적 언어 수단으로 간주하기에는 표준 아랍어의 사용 범위가 그리 광범위하지 않다. 우선 방송의 주제에 따라 구어체 아랍어가 사용되기도 하며 실제 언어 상황에서도 대부분의 교육받은 아랍어 화자들은 표준 아랍어보다 구어체를 더 사용하기 때문이다. 예를 들어, 술래이만(Sulayman)이 야르묵(Yarmouk) 대학의 학생들을 대상으로 실시한 인터뷰에서 대부분의 학생들이 표준 아랍어보다 구어체 아랍어를 더 사용한다는 사실이 밝혀졌다. 주목할만한 사실은 인터뷰 대상자들이 처음에는 표준 아랍어를 사용하다가 나중에는 구어체 아랍어로 말씨 바꿈을 한다는 것이다.

이러한 인터뷰 결과는 표준 아랍어의 사용 범위가 구어체에 비해 제한적이라는 사실을 말해준다. 아랍어 화자들은 표준 아랍어의 사용을 선호하나 이것은 의도적인 것으로 표준 아랍어가 상징하는 사회적 기능에 의한 것이지 실질적인 언어 사용에서는 표준 아랍어의 사용에 적지 않은 어려움을 겪는다. 따라서 표준 아랍어의 사용은 구어체에 비해 제한적일 수 밖에 없다.

그러나 구어체 아랍어는 친구 간의 대화, 가족, 일상생활, 심지어는 학교의 수업 시간에도 사용될 만큼 사용 범위가 광범위하다. 무엇보다도 의견을 표현함에 있어서 음운, 형태, 통사적 측면에서 문어체보다 간단하며 덜 규칙적이며 쉽게 사용할 수 있다는 이점이 있다. 그리고 아랍어 화자가 학교 교육을 받기 전에 제일 먼저 습득하는 L1 언어이기 때문이다.

일반적으로 방언의 분화는 크게 두 가지 요인에 의해 발생한다. 그 하나는 지역이 다름으로써 방언이 발생하는 경우이며, 다른 하나는 사회적인 요인들, 가령 사회계층, 성별, 세대 차 등에 의해 방언이 발생하는 경우이다. 두 가지 원인 중 전자, 즉 지역적 차이에 의해 형성된 방언을 지역 방언(regional dialect)이라 하며, 후자의 원인에 의해 형성된 방언을 사회 방언(social dialect)이라 한다.

사회 방언에 대한 연구는 지역 방언에 대한 연구보다 상대적으로 주목을 받지 못했는데, 그 이유는 사회 방언 간의 차이가 지역 방언들의 차이보다 그렇게 뚜렷하지 못했기 때문이다. 어느 사회든지 계층 간에 변종은 존재하지만 그러한 차이가 지역적 차이에 따른 지역 방언의 차이보다 현저하지 못한 것이 일반적인 사실이다.

그러나 사회 방언은 사회학의 발전과 더불어 도시 방언에 대한 연구, 성별 간의 언어차이, 계층 간의 언어 형태 등과 같은 분야에서 많은 발전을 하게 된다. 본고에서는 요르단 구어체 아랍어(이후 방언으로 지칭하겠음)를 지역적 구분에 따라 도시 방언, 시골 방언, 베두인 방언으로 구분하여 각 방언에 대해 일반적 소개를 하고자 한다.

1) 도시 방언

도시 방언은 도시지역에서 쓰이는 방언으로 주로 요르단 수도인 암만(Amman)과 북부의 제2 도시인 이르비드(Irbid)를 중심으로 사용되는 방언이 이 범주에 속한다. 도시 방언의 특징은 다른 방언의 변종보다 언어적 측면에서 좀 더 정확하고 세련된 언어 형태라는 점이다. 예를 들어, 시골 방언이나 베두인 방언에 비해 어휘가 풍부하거나 음운적 면에서 성문폐쇄음과 파찰음 등 경쾌한 느낌을 주는 변이음이 존재한다는 것이다.

또한 요르단 화자들은 도시 방언을 품위 있는 언어로 간주하는 경향이 있다. 이렇게 주장하는 실제적인 이유는 도시 방언을 쓰는 화자들이 사회·경제적으로 상층 계층에 속해 있고, 대부분이 고등교육을 받은 자들이며 문화적 혜택을 받는 사람들이기 때문이다. 이러한 사실은 시골 출신의 화자들이 시골 방언보다 도시 방언을 더 선호한다는 조사에서 간접적으로 알 수 있다.

도시 방언은 도시가 형성되면서 생겼기 때문에 기타 방언에 비해 형성 시기가 늦다. 방언학에서도 도시 방언에 대한 연구는 원형을 잘 보존하고 있는 시골 방언에 대한 전통적 연구에 비해 늦게 시작되었다. 요르단이 근대화되면서 도시가 형성된 것은 20세기 중반이며 대표적으로 중부지역에 암만, 북부지역의 이르비드, 남쪽 지역에 전통적 베두인 도시인 카락(Karak)이 형성되었다. 요르단은 전통적으로 베두인 방언이 강한 지역이었으나 도시형성과 함께 도시 방언이 형성된 것이다.

요르단 도시는 팔레스타인 난민의 유입에 의해 형성된 것이 특징이다. 1948년 이스라엘의 건국 이후 네 차례의 중동전은 많은 팔레스타인 난민들이 요르단강 서안에서 동안지역인 요르단 지역으로 유입되는 계기가 되었다. 난민이 유입되기 이전에는 이 지역의 도시 방언은 예루살렘, 나블루스, 라말라, 헤브론 등과 같은 서안 지역의 도시에서 사용되는 방언을 나타내는 것이었다. 그러나 전쟁으로 인한 급격한 난민의 유입은 요르단 지역에 팔레스타인인들과 요르단인들이 공존하는 현상을 낳았다. 따라서 팔레스타인 방언의 언어적 특징들이 동안 지역으로 유입되었다. 예를 들어, 문어체 음가인 /q/는 요르단 도시 방언에서는 성문폐쇄음인 /ʔ/로 발음되는데 이 음가는 팔레스타인 도시 방언의 중요한 발화특징의 하나로 난민 유입의 결과로 해석할 수 있다.

요르단 도시 방언의 사회적 특징 중에는 성 차이에 따른 말씨 바꿈 현상이 있다. 야르묵 대학교 학생들을 대상으로 술래이만이 실시한 인터뷰에서 전체 여학생 중 80%가 일상생활에서 도시 방언을 사용한다는 결과가 나왔다. 주목할 점은 도시 출신뿐만 아니라 시골 출신의 학생들도 시골 방언보다는 도시 방언을 더 많이 사용한다는 점이었다.

성 구분에 따른 변종의 사용은 사회 언어학의 주요 주제 중의 하나로 연구되어 왔다. 이와 관련하여 트루질(Trudgil)(1974)의 사회 언어학적 연구는 성 차이가 언어 행위에 있어서 중요한 역할을 한다는 많은 사례들을 보여주고 있다. 그는 남성과 여성 간의 사회적 역할 차이에 근거하여 남성과 여성의 언어 사용은 당연히 차이가 있다고 보았다. 그의 견해에 따르면 여성의 언어가 남성의 언어보다 사회적으로 표준적이라는 것이다.

성별 언어 변이에 대한 계량적 연구는 라보브가 미국 뉴욕 시민을 대상으로 한 언어 공동체의 사회적 분화가 계층, 성별, 인종, 연령 등과 같은 다양한 변인에 의해 이루어지는 현상을 분석하는 과정에서 이루어졌다. 연구 결과는 언어 사용자들은 자신이 속한 집단의 정체성(group identity)에 대한 표지로서 특정 어형을 선택할 뿐만 아니라 그 특정 어형과 말투에 대한 태도까지도 공유하는 경향이 있음을 보여준다. 종합적으로 여성의 언어가 사회적으로 '표준적'이라는 것은 여성이 타인으로부터 긍정적 평가와 사회적 지위를 확보하려는 동기에서 비롯된 것으로 보인다. 라보프는 여성이 육아에서 주도적 역할을 하므로 지위에 민감한 언어 행위로 자식들의 사회적 상승 기회를 확대하고자 한다거나 상대적으로 물질적 자산을 덜 가진 여성이 남성보다 표준어와 같은 상징적 자산에 의존하여 자신의 지위를 주장하는 것이라 말했다. 트루질은 남성이 비표준형을 더 많이 사용하는 사실에 대해 비표준형은 남성성과 같은 특정 집단의 가치를 부각시켜 우월감을 표현함으로써 숨겨진 권위(covert prestige)가 일상어(vernaculars)의 사회적 가치가 되는데, 남성들은 이 숨겨진 권위를 통해 표준형 사용을 거부할 수 있다고 말했다. 고든(Gordon)은 여성이 표준어를 선호하는 것은 여성이 중류 계층 규범을 소망해서라기보다는 하류 계층의 일상어로 연상되는 부도덕함이나 성적 방종 등의 이미지를 회피하고자 함이며 남자들은 하류 계층의 이미지인 남성다움에 가치를 부여하기 때문이라고 주장했다.

로빈 레이코프(Robin Lakoff)의 Language & Woman's Place(1975)는 남녀평등을 위한 정치적 저항을 골자로 하는 제2의 여권운동과 맞물리면서 여권주의 언어학(feminist linguistics) 형성에 결정적 계기가 되었는데, 레이코프는 미국 백인 중류 계층의 여성의 언어적 특질에 대하여 1, 여성 특유의 색채어, 형용사 사용 2, 상스러운 어휘보다 온건한 표현을 사용하고 농담을 잘 안하며 3, 빈번한 강조어 사용 4, 직접인 어법보다는 간접적 어법의 사용 5, 부가의문문의 빈번한 사용 6, 다양한 억양 및 평서문을 의문문의 억양으로 말하는 경향 7, 지나치게 공손한 언어 사용 등을 들었다. 레이코프의 해석에 따르면 남성어가 단정적이고 어른스러우며 직설적인 경향이 있는 반면 여성어는 단정적이지 못하고 애매하거나 완곡하거나 공손한 표현을 사용한다고 지적했다. 레이코프는 이러한 여성어의 특징으로 인해 여성들이 독립적이고 주체적인 행위자나 효율적인 언어 사용자로서의 지위를 갖기 어렵다고 주장했다.

트루질의 주장처럼 사회에서 남녀 간의 언어 사용은 일정한 차이를 보이지만 본질적으로 상대적 빈도의 차이지 공통되는 부분이 훨씬 많다고 볼 수 있다. 문제는 그 차이의 정도인데 계층, 학력, 대화 상황, 성격 등 다양한 요인에 의해 그 차이는 결정된다. 이러한 문제를 다루는 것은 본 연구의 범위에서 벗어나기 때문에 더 이상 다루지 않겠다. 다만 요르단 사회에서 여자 대학생들이 도시 방언을 선호한다는 것은 도시 방언이 정확하기보다는 도시문화에 대한 여학생들의 선호와 사회적 위치와 명성에 대한 관심에 기인한다고 볼 수 있다. 이러한 점에서 시골출신이나 베두인 출신의 여학생일지라도 도시 방언과 표준어를 선호하는 것이다. 반면에 남학생들은 여학생들에 비해 상대적으로 일상 아랍어를 사용하려는 경향이 강하다고 술래이만은 지적하고 있다.

이러한 현상은 필자가 조사한 설문조사에도 확연히 드러나고 있다. "어떤 방언을 선호하십니까?"라는 질문에 80% 이상의 여학생들이 도시 방언을 선호한다고 대답했기 때문이다. 어쨌든 성에 따른 언어 사용의 차이는 요르단 언어 사회에서도 적용되며 주목할 사실은 여학생들의 도시 방언 선호가 선행의 연구에서 밝혀졌듯이 사회적 요인에 의해 결정된다는 점이다.

2) 시골 방언

앞서 언급했듯이 요르단은 전통적 베두인 언어 사회였으나 산업화와 팔레스타인 인구의 급격한 유입으로 도시가 형성되었고 함께 도시 방언이 생겼다. 한편 기존의 베두인 언어 사회는 원래의 정체성을 유지한 반면 도시 근교 지역에 인구 밀집이 이루어지면서 시골 방언이 형성되었다. 전통적으로 시골 방언은 서안 지역의 예루살렘, 나불루스, 헤브론 근교의 방언을 지칭하는 것이었다. 그러나 요르단 동안 지역에 도시가 형성되면서 도시 부근에 시골 방언이 형성되었다. 이 변종은 지역에 따라 많은 하위 변종을 갖고 있다. 하위 변종에 따라 나불루스에 인접한 시골 방언은 예루살렘과 헤브론에 인접한 시골 방언과 상당히 다른 형태를 보인다.

요르단의 시골 방언은 도시 방언과 베두인 방언에 비해 투박하고 덜 세련된 언어로 인식된다. 그 이유는 두 가지로 추정할 수 있다. 첫째는 시골 방언이 음운적 측면에서 듣는 사람으로 하여금 세련되지 못한 언어로 인식시켜주는 투박한 음가를 갖고 있다는 점이다. 예를 들어, 문어체의 음가 /q/와 /k/는 시골 방언에서는 각각 /k/와 파찰음 /č/로 발음되는데 이 음가들은 시골 방언을 매우 투박한 언어로 느껴지게 만드는 요인이다. 둘째는 보다 근본적인 이유로 시골 방언이 형성된 시골 지역이 문화적으로 도시 지역과 전통적 베두인 지역에 비해 하부 지역으로 인식되기 때문이다.

이에 따라 교육받은 화자들은 시골 방언을 거의 사용하지 않는다. 특히, 여성 화자들의 화법에서 이러한 현상이 두드러지게 나타난다. 술레이만의 조사는 시골 출신의 야르묵 대학 여학생 중 약 80%가 고유 방언인 시골 방언 대신에 도시 방언을 사용하고 있다는 사실을 보여주고 있다. 이들의 특징은 시골 방언이 학교생활뿐만 아니라 사회생활에서도 매우 부적절한 언어로 간주하고 있다는 점이다.

그래서 그들은 도시 화자들과 대화를 할 때 시골 방언의 사용이 열등한 사회적 위치를 나타낸다고 생각하기 때문에 의도적으로 사용하지 않기도 하며 언어 사용에 있어서도 매우 부정적인 입장을 취하고 있다. 따라서 그들은 언어 사용에 있어서 예외 없이 시골 방언에서 도시 방언으로 전이하는 현상을 보여준다.

그러나 남학생의 경우는 상황이 매우 다르다. 술레이만의 조사에 따르면 야르묵 대학의 남학생 중 시골 출신의 대부분은 시골 방언을 여전히 고수하고 있는 것으로 밝혀졌다. 그들의 특징은 시골 방언의 사용이 자신과 출신에 대한 정체성을 지키기 위한 수단으로 보고 있다고 술레이만은 지적하고 있다. 남학생의 경우는 언어 사용에 있어서 언어의 사회적 기능보다는 정체성 표시의 수단으로 보고 있는 경향이 매우 강하다고 볼 수 있다.

그러나 이러한 경향은 보편적이지는 못하다. 일부 남학생들이 시골 방언은 사회적으로 열등한 지위를 상징한다고 간주하고 있기 때문이다.

따라서 그들은 일부 어휘들을 발음할 때 도시 방언의 음가로 의도적으로 사용하는 경향을 나타내기도 한다. 예를 들어, /baškīr/(타월), /sukkar/(설탕), /sakrān/(술에 취한) 등과 같은 어휘의 음가 /k/를 /bašʔīr/, /suʔʔar/, /saʔrān/ 등에서처럼 도시 방언의 대표적 음가인 성문폐쇄음 함자 /ʔ/로 발음하는 경향이 목격된다. 물론 이러한 방법은 음운적으로 올바

르지 않다.

지금까지 살펴보았듯이 시골 방언의 사용은 성 차이에 따라 그 사용이 달라짐을 알 수 있었다. 남성의 경우는 일반적으로 시골 방언의 사용이 고수되는 경향이 강하나 여성의 경우는 전혀 그렇지 않은 것이다. 그러나 사회적 기능에 있어서 도시 방언이 시골 방언보다 우월하다는 점에서는 이의가 없는 것 같다. 언어가 사회적 현상을 반영한다는 점에서 발전된 도시문화를 표현하는 도시 방언이 시골 방언보다 우월하다는 것은 이론의 여지가 없을 것이다.

3) 베두인 방언

베두인 방언은 화자가 유목민이라는 점에서 화자가 정착민인 도시 방언과 시골 방언과는 구분된다. 베두인은 전통적으로 비 정착민이라는 의미를 갖고 있었으나 교통수단의 발전에 따라 정착민과 비 정착민간의 엄격한 구분이 사라지면서 오늘날에는 사막의 생활 형태와 부족적인 사회 구조를 고수하고 있는 사람들을 표현하게 되었다. 요르단 베두인 방언은 주로 암만 근교인 마프라크(Mafraq)와 남부 사막 지역에 분포되어 있다. 특히 카락과 아카바(Aqaba) 부근에 바니하산(Bani Hasan)이라는 대표적인 베두인 부족이 거주하고 있다.

카도라(Cadora)는 베두인 방언이 코란의 언어인 고전 아랍어에 가깝고 아랍어의 성문화에 주요 자료로 쓰였다는 점에서 우월한 지위를 갖고 있는 언어로 규정했다. 또한 라빈(Rabin)은 베두인 방언의 우월한 위치가 풍부한 표현과 자연스러운 수사적 기법, 그리고 고전 아랍시가의 전통을 보존하고 있다는 사실에 기인한다고 언급했다. 서양학자들의 이러한 언급은 역사적 사실에 근거하고 있다. 아랍 역사를 통해 베두인들은 정확한 언어 자료의 제공자였으며 언어학자들과 칼리프 간의 언어 논쟁을 중재할 자격이 있었던 유일한 사람들이었다. 따라서 베두인들은 고전 아랍어에 거의 가까운 정확한 언어를 구사하는 사람들로 사회적 명망과 존경을 받았다. 당시 이슬람 제국이 팽창하면서 아랍어에 대한 문법적 오류가 생기자 고전 아랍어의 순수성과 정확성을 보존하는 가장 이상적 언어 형태는 사막에 거주하는 베두인의 언어였다. 심지어 우마이야조 시기에는 베두인의 언어를 기록

하고 배우기 위해 문법학자들뿐만 아니라 통치자들도 사막에 가기도 했다.

베두인의 언어는 정착민 아랍어와는 다른 언어라는 점에서 그 가치를 평가 받았고 가장 정확한 아랍어 화자는 사막에서 생활하는 베두인들이라는 믿음이 지배적이었다. 따라서 베두인들은 그들의 언어에 대해 강한 자부심을 가졌으며 방언의 사용을 통해 베두인의 집단적 연대감을 표출해왔다.

그렇다면 오늘날 베두인 방언은 어떠한 사회적 역할을 하고 있을까? 퍼거슨이 지적했듯이 베두인 방언이 다른 방언에 우월한 것은 역사적 사실이지만 오늘날 이러한 평가는 단순히 형식적인 것으로 변화되었으며 실제적 언어 상황에서는 화자 자신의 방언이 우월하다는 입장을 취하고 있다는 것이다. 실제로 오늘날 베두인 방언의 지위는 과거 우월했던 지위와는 분명 다른 모습을 띠고 있다. 무엇보다도 요르단 사회의 도시화와 산업화가 베두인 사회의 전통성과 생활 형태에 커다란 변화를 주었고, 이러한 변화를 통해 베두인 언어도 그 사회적 기능이 변화했기 때문이다.

베두인 방언은 베두인 부족의 정체성을 상징하는 수단으로 사회적 기능을 하고 있다. 이러한 사실은 시골 화자가 도시 방언으로 말씨 바꿈을 하는 것과 달리 베두인 화자들은 자기 방언의 사용에 충실하고 애착을 갖고 있다는 점에서 드러난다. 여전히 그들은 그들의 연대감을 언어로 표시하고 있으며 어떤 방언의 변종도 사용하지 않는 경향을 보이고 있다.

요르단 베두인 방언의 대표적 음가는 유성음 /g/ 음이다. 문어체 음가 /q/의 변이음으로 이 음가의 발음 유무는 베두인과 정착민을 구분하는 중요한 요소이다. 그래서 요르단 베두인을 요르단강 동안 지역의 /g/ 화자로 규정한다. 앞서 언급했듯이 음운적 측면에서 도시 방언은 세련되고 시골 방언은 상대적으로 투박한 느낌을 준다.

반면 베두인 방언은 음가 /g/의 영향으로 남성적인 면이 강하다고 압드 알자와드(Abd al-Jawad)는 설명했다. 물론 이러한 구분은 방언을 구분하는 음운적 기준일 뿐 사회적 기능과는 아무 연관성이 없다. 단지 발화 상태에서 베두인들은 이 음가를 고수함으로써 다른 방언과 차별화하려는 의도적인 언어 사용 현상을 보이고 있다. 비록 교육받은 베두인 화자라 할지라도 /g/음을 발음하는 것은 그 자신이 베두인이라는 것을 대화자에게 의도적으로 밝히는 것이다.

이러한 현상은 말씨 바꿈 현상이 빈번히 일어나는 도시 방언과 시골 방언에서는 일어나지 않는 현상으로 독특한 베두인 방언의 특징이라 볼 수 있다. 또한 요르단 베두인 방언은 여러 하위 변종들을 갖고 있으며 지리적 요인에 의해 차이점이 구분된다. 예를 들어, 아카바와 그 주변의 베두인 방언은 마프라크 또는 카락 방언과 다르며 기타 지역의 여러 베두인 방언들은 지리적 차이에 의해 구분된다.

2. 요르단 방언의 언어적 특징

1) 음운 체계

고전 아랍어의 자음 체계가 전통적으로 28개 음소를 가진 반면 요르단 구어체 아랍어의 자음 체계는 비고전 아랍어 음가 5개(/p/, /v/, /g/, /č/, /ž/)를 더해 33개의 음소로 구성되어 있다. 이중 두 개의 음가 /p/, /v/는 외래 차용어를 발음할 때 쓰인다. 예를 들어 /p/음은 /'poolanda'/ 'Polland', /'ispānya'/ 'Spain' 와 같은 외래어를, 그리고 /v/음은 'veto' 'virus' 'visa' 'villa' 등과 같은 외래어를 발음하는 데 쓰인다. 이 두 개의 음가는 외래어를 자주 사용하는 표준 아랍어에서도 자주 사용된다. /g/음은 고전 아랍어의 음소 /q/의 변이음으로 베두인 방언에서 사용된다. 그리고 /č/와 /ž/음은 각각 /k/와 /j/의 변이음으로 사용된다.

kalib 〉 čalib

jamal 〉 žamal

일반적으로 고전 아랍어와 요르단 방언의 대부분의 음소는 조음방법이나 조음점에서 동일하다. 그러나 고전 아랍어의 일부 음소(ʔ, q, k, j, th, dh, ḍ)는 방언에서 변이음으로 분화되는 특징을 보인다. 이러한 변이음들의 개별적 특징을 요르단 방언의 지역적 분류에 따라 살펴보면 다음과 같다.

① ء/ʔ/

성문폐쇄음 함자/ʔ/는 첫음절에서는 발음되고 중간 음절에서는 탈락되어 앞 모음에 따라 장모음화 되며 어말에서는 완전히 탈락한다.

رأس raʔs 〉 rās

جئت jiʔtu 〉 jīt

يأكل yaʔkulu/ 〉 yākul

شيء shayʔ 〉 shi

السماء al–samāʔ 〉 is–sama

② ق/q/

목젖소리 /q/음은 아랍어 자음 중에서 지역에 따라 다른 변이음을 지니고 있는 대표적인 음가이다. 즉, 도시 방언에서는 성문폐쇄음 /ʔ/, 베두인 방언에서는 유성음 /g/, 시골 방언에서는 /k/로 실현된다.

qalb 〉 ʔalb (도시 방언)

qalb 〉 galb (베두인 방언)

qalb 〉 kalb (시골 방언)

알토마(Altoma)는 자음 /q/가 위에서 언급한 변이음 외에도 이라크 및 UAE 방언의 일부 어휘에서는 /j/로 실현된다고 주장했다.

sharqi 〉 sharji

qidir 〉 jidir

qarya 〉 jarya

/q/음의 변이음 분포와 관련하여 블랑크(Blanc)는 분포의 양상이 현저하게 양분적인 특성을 보여준다고 주장했다. 그의 주장에 따르면 거주지역과 비거주지역에 따라 /q/의 변이음은 무성음과 유성음으로 실현된다는 것이다. 즉, 도시와 시골 같은 거주지역에서는 무성음 /ʔ/ 또는 /k/로 실현되고 비거주 지역인 베두인 지역에서는 유성음 /g/로 실현된다는 것이다.

특히 변이음 /q/는 아라비아반도의 나즈드 방언과 하 이집트 방언에서도 실현되기 때문에 베두인 지역에서 나타나는 보편적인 음가로 추정할 수 있다. 그리고 /q/음이 도시에서 /ʔ/음으로 실현되는 것은 샴 지역뿐만 아니라 이집트에서도 나타나는 현상으로 페니키아어에서 그 원인을 찾을 수 있다. 페니키아어에서 /q/음과 /ʔ/음이 혼동되어 사용되었는데 이는 두 음의 조음점이 가까운데서 그 이유를 찾을 수 있다. 아마도 두 음이 혼용되어 사용된 것은 아랍어 성문화 초기시대 시작된 것으로 추정할 수 있다.

③ ك/k/

연구개음 /k/는 도시와 베두인 방언에서는 고전 아랍어와 동일하게 /k/로 실현되지만 시골 방언에서는 경구개파찰음 /č/로 실현된다.

kān 〉 čān (시골 방언)

maktab 〉 mačtab (시골 방언)

폐쇄음 /k/를 /č/로 파찰음화 하는 것과 /q/를 /k/로 발음하는 것은 시골 방언을 구별짓는 가장 두드러진 음운적 특징이다. 주목할 점은 시골화자들이 다른 방언의 화자들과 구별되기 위해서 의식적으로 이러한 변이음을 사용하는 경향이 있다.

④ ث/th/, ذ/dh/

치간음 /th/와 /dh/는 도시 방언에서는 소실되고 각각 치음 폐쇄음인 /t/와 /d/로 실현된다. 이븐 꾸타이바(Ibn Qutayba)는 이러한 치간음 소실 현상이 이미 9세기 초반부터 나타났다고 주장했다. 그는 일반 대중들이 많은 경우에서 원래 음가인 치간음 대신 /t/와 /d/로 발음했다고 말했다. 그러나 시골 방언과 베두인 방언에서는 원래대로 발음된다. 도시 방언에서 치간음의 소실은 다른 지역의 방언에서도 나타나는 보편적인 현상이다.

thalāth 〉 talāt (도시 방언)

dhahab 〉 dahab (도시 방언)

⑤ ج/j/

경구개파찰음 /j/는 도시 방언에서만 경구개마찰음 /ž/로 실현되고 베두인과 시골 방언에서는 그대로 실현된다. 이러한 현상은 비단 요르단 도시 방언에만 국한된 것이 아니라 베이루트, 다마스쿠스 등 아랍 동부의 다른 도시에서도 목격된다.

jār '이웃' 〉 žār (도시 방언)

jīl '세대' 〉 žīl (도시 방언)

⑥ ض/ḍ/ 〉 ظ/ḍh/

치음 인두화음 /ḍ/와 치간 인두화음 /ḍh/는 대체적으로 방언에서 혼용되는 현상을 보인다. 이러한 현상은 요르단 방언에서도 발견된다. 이러한 혼용 현상이 일어나는 것은 치간 인두화음 /ḍh/가 조음전에서 치음 인두화음 /ḍ/과 가까운 곳에서 발음되고 코란이 기록될 때 자음으로 나중에 형성되었기 때문이다.

따라서 베두인 방언에서는 치간음이 보존되기 때문에 /ḍ/음이 /ḍh/음으로 발음되거나 도시 방언에서는 치간음이 소실되었기 때문에 /ḍh/음이 /ḍ/음으로 변이되는 현상이 일어난다.

abyaḍ 〉 abyaḍh '하얀, 흰' (베두인 방언)

ḍabāb 〉 ḍhabāb '안개' (베두인 방언)

baʕda al-ḍhuhr 〉 baʕda al-ḍuhr '오후에' (도시 방언)

⑦ 요르단 방언의 모음 체계

요르단 방언의 모음 체계는 고전 아랍어의 3개 단모음 /a, u, i/, 각각의 장모음 /ā, ū, ī/와 이중모음 /aw/의 변이음 /ō/와 /ay/의 변이음 /ē/로 구성된다. 이중모음의 변이음은 다음과 같이 실현된다.

bayt 〉 bēt

khayr 〉 khēr

qawl 〉 qōl

ilyawm 〉 ilyōm

fawq 〉 fōʔ

thawm〉 tōm

dawr 〉 dōr

이중모음의 변이음은 방언에서뿐만 아니라 현대 표준 아랍어에서도 사용되는 경향이 있다. 따라서 이러한 변이음의 사용은 고전 아랍어를 제외하고는 일반적인 현상이라 할 수 있다. 물론 대부분의 격식적 상황에서 교육받은 화자들은 이중모음을 발음하지만 상황에 따라 변이음을 발음하는 등 말씨 바꾸기를 하기 때문에 변이음의 사용은 격식적, 비격식적 상황에서 빈번하게 일어난다. 변이음 /ē/는 /ī/로 장모음화 되기도 한다.

kayf > kēf > kīf

장모음 /ā/는 강세가 있는 장폐음절 앞에서는 단축된다. 그리고 단모음 /a/는 강세음절 앞에서 탈락하는 현상을 보인다.

mā jāʔ > ma jāʔ '그는 오지 않았다'

mā jāb > ma jāb '그는 가져오지 않았다'

kabīr > kbīr

kathīr > kthīr

kitāb > ktāb

tafaḍḍal > itfaḍḍal

지금까지 살펴본 요르단 방언의 변이음 특징을 방언의 유형에 따라 정리하면 다음과 같다.

표준 아랍어		ق/q/	ك/k/	ث/th/	ذ/dh/	ج/j/	ظ/ḍh/	ay	aw
요르단 방언	도시	ʔ	k	t	d	ž	ḍ	ē	ō
	시골	k	č	th	dh	j	ḍh	ē	ō
	베두인	g	k	th	dh	j	ḍh	ē	ō

2) 형태·통사 체계

요르단 구어체 아랍어 역시 الإعراب (어미변화 현상)이 나타나지 않고 문장의 어순도 SVO 어순만을 취하고 있다. 이러한 현상은 모든 구어체 아랍어에서 보편적으로 나타난다. 다음 예문은 고전 아랍어(CA), 표준 아랍어(MSA), 요르단 구어체 아랍어(JSA) 간의 형태·통사적 차이를 보여주고 있다.

kataba al-waladu al-darsa. (CA)

al-waladu kataba al-darsa / kataba al-waladu al-darsa. (MSA)

iş ṣabi katab(čatab) iddars. (JSA)

raʔaytu kalban fil haqli (CA)

(ʔanā) raʔaytu kalban fil haqli (MSA)

ʔanā shuft kalib(čalib) fil bustān (JSA)

예문에서 보듯이 요르단 구어체 아랍어는 어미변화 현상을 보이지 않으며 SVO 어순을 취하고 있다. 한편 표준 아랍어는 두 개의 어순 VSO, SVO를 취하며, 구어체 아랍어는 구어체 어휘를 사용한다. 표준 아랍어는 현대적 필요성과 사회적 변화에 따라 문법의 단순화 과정 또는 외래어에서 차용된 어휘를 사용하는 등 지속적으로 형태를 변화시켜 가고 있다.

① 접미 대명사

구어체 접미 대명사가 문어체와 다른 점은 단수와 복수형만 있고 복수형에는 남성과 여성형의 구분이 없다는 점이다. 이러한 특징은 구어체의 보편적 현상이다. 특히, 2인칭 남성형 /ak/, 여성형 /ik/, 3인칭 남성형 /u/는 /hu/에서 /h/가 묵음되어 발음된다는 것을 유념해야 한다. 문어체에서는 명사가 격변화를 하게 되어 /ak/가 /ka/로, /ik/가 /ki/로 각각 음운전이된다. '희망' 또는 '소망'을 나타내는 بِدّ/bidd/의 접미 대명사도 같은 패턴으로 활용된다.

	kitāb+접미 대명사	bidd+접미 대명사
I	كتابي kitāb+ī	بِدّي bidd+ī
You(m)	كتابَك kitāb+ak	بِدَّك bidd+ak
You(f)	كتابِك kitāb+ik	بِدِّك bidd+ik
He	كتابه kitāb+u	بِدّه bidd+u
She	كتابها kitāb+hā	بِدْها bid+hā
We	كتابنا kitāb+nā	بِدْنا bid+nā
You(pl)	كتابكم kitāb+kum	بِدْكم bid+kum
They	كتابهم kitāb+hum	بِدْهم bid+hum

⇨ 접미 대명사가 자음으로 시작하면 3개 자음의 자음 충돌을 피하기 위해 /d/가 탈락된다.

بدّك كتابي؟ biddak kitābi? لا. ما بدّي كتابك. lā, ma biddi kitābak.

أيّ دفتر بِدُّه؟ ayy daftar biddu? بدّه دفتر أسود biddu daftar ʔaswad.

بِدْهم الكيس الكبير bidhum il–kīs il–kbīr.

② 명사의 양수형과 여성형

양수형은 접미사 /–ayn/을 붙여 만든다. 히자즈 방언의 양수형은 /–ēn/으로 끝나는 것과 대비된다.

(요) baytayn – (히) baytēn

(요) bintayn – (히) bintēn

(요) kitābayn – (히) kitābēn

여성형 어미에는 /a/ 또는 /i/ 모음이 사용된다. 어휘의 마지막 음이 인두음 또는 전동음 /r/로 끝나면 /a/를 여성형 어미로 취하고 나머지 음은 /i/음을 여성형 어미로 취하는 것이 특징이다.

بدّي شنطة biddi shanṭa.

بدْنا سيّارة bidna sayyāra.

معكم تذكرة maʕkum tadkara.

بدّي بدلة biddi badli.

بدّي البدلة الجديدة biddi il–badli il–jdīdi.

البدلة الحمراء موجودة il–badli il–ḥamra mawjūdi.

③ 과거·현재동사 활용(형태변화)

과거동사와 현재동사 활용에서 양수 형태는 없으며 2, 3인칭 복수형에서는 남성, 여성형의 구분이 없다. 1, 2인칭 남성형은 주어 표지어의 모음이 탈락된다. 즉, /tu/→/t/, /ta/→/t/로 변이되면서 모음이 탈락된다. 3인칭 남성형 주어 표지어 /a/도 탈락된다. 2인칭 복수형에서는 /tū/가 접미되고, 3인칭 복수형에서는 /ū/가 접미된다.

현재동사는 어미변화를 하지 않는다. 1인칭은 /ʔa/로 시작하고 중간모음이 /u/일 경우 2인칭에서는 /tu/가, 3인칭에서는 /yu/가 각각 접두된다. 중간모음이 /a/ 또는 /i/일 경우 /ti/와 /yi/가 접두된다. 2인칭 여성형에는 /–ī/가 접미되고 2, 3인칭 복수형에서는 /–ū/가 접미된다. 형태소 /–ū/는 과거동사, 현재동사에서 복수를 나타내는 주어 표지어임을 잊지 말아야 한다. 1인칭 복수형은 어두에 /n–/을 붙인다. 구어체의 2인칭, 3인칭 주어 표지어가 /ti/와 /yi/로 변하는 것은 탈탈라(al–taltala)규칙 때문이며 이 현상은 구어체의 전형적인 특징이다.

	I	You(m)	You(f)	He	She	We	You(pl)	They
과거형	katabt simiʕt	katabt simiʕt	katabti simiʕti	katab simiʕ	katabat simiʕat	katabnā simiʕnā	katabtū simiʕtū	katabū simiʕū
현재형	ʔaktub ʔasmaʕ ʔajlis	tuktub tismaʕ tijlis	tuktubī tismaʕī tijlisiī	yuktub yismaʕ yijlis	tuktub tismaʕ tijlis	nktub nsmaʕ njlis	tuktubū tismaʕū tijlisū	yuktubū yismaʕū yijlisū

탈탈라 규칙은 과거동사에서 CaCiCa 〉 CiCiC 형태로도 나타난다.

fahimtu 〉 fihimt

ʕamiltu 〉 ʕimilt

sharibtu 〉 shiribt

현재시제 간약동사 활용에서 1인칭은 /ʔa/로 시작하고 2, 3인칭은 중간모음이 /u/일 경우 /tu/, /yu/로 시작한다. 중간모음이 /i/ 또는 /a/인 경우 /ti/, /yi/가 접두된다. 여기까지는 강동사의 활용과 동일하나 유의할 것은 주어 표지어의 모음이 뒤에 오는 장모음 강세 음절 때문에 탈락된다는 점이다.

تُرُوح turūḥ 〉 trūḥ

تُزُور tuzūr 〉 tzūr

يُزُور yuzūr 〉 yzūr

يبيع yibīʕ 〉 ybīʕ

يُرُوح yurūḥ 〉 yrūḥ

يُكُون yukūn 〉 ykūn

	rāḥ(to go) راح	zār(to visit) زار	bāʕ(to sell) باع	ṣār(to become) صار	nām(to sleep) نام
I	ʔarūḥ	ʔazūr	ʔabīʕ	ʔaṣīr	ʔanām
You(m)	trūḥ	tzūr	tbīʕ	tṣīr	tinām
You(f)	trūḥī	tzūrī	tbīʕī	tṣīrī	tināmī
He	yrūḥ	yzūr	ybīʕ	yṣīr	yinām
She	trūḥ	tzūr	tbīʕ	tṣīr	tinām
We	nrūḥ	nzūr	nbīʕ	nṣīr	nnām
You(pl)	trūḥū	tzūrū	tbīʕū	tṣīrū	tināmū
They	yrūḥū	yzūrū	ybīʕū	yṣīrū	yināmū

2형–10형의 현재동사 활용에서 1인칭에서는 /ʔa/가, 2, 3인칭에서는 /ti/ 또는 /yi/가 접두된다.

	2형 (غيّر)	3형 (ساعد)	4형 (أراد)	5형 (اتكلّم)	6형 (اتبادل)	8형 (اجتمع)	10형 (استراح)
I	ʔaghayyir	ʔasāʕid	ʔarīd	ʔatkallam	ʔatbādal	ʔajtamiʕ	ʔastarīḥ
You(m)	tighayyir	tisāʕid	trīd	titkallam	titbādal	tijtamiʕ	tistarīḥ
You(f)	tighayyirī	tisāʕidī	trīdī	titkallamī	titbādalī	tijtamiʕī	tistarīḥī
He	yighayyir	yisāʕid	yrīd	yitkallam	yitbādal	yijtamiʕ	yistarīḥ
She	tighayyir	tisāʕid	trīd	titkallam	titbādal	tijtamiʕ	tistarīḥ

ايش تغيّر؟	ēsh tighayyir?
بدّي أساعدك	biddī ʔasāʕidak.
يريد يزور السوق	yrīd yzūr is-sūg.
تتكلّم عربي كويس	titkallam ʕarabi kuwais.
بِدْهم يِتْبادلوا الهداي	bidhum yitbādalū il-hadāya.
أيّ شي بدّكِ تِشْتَرِي؟	ʔayysh biddik tishtarī?
تريد تِستريح قليل	trīd tistarīḥ galīl.

④ **현재동사 접두어** /ba/, /bi/, /bu/

현재동사가 현재진행, 습관이나 관습 등의 의미를 나타날 때 /ba/, /bi/, /bu/등이 현재동사에 접두된다. 1인칭에서는 /ba/가 접두되며, 2인칭인 경우는 /bi/를 사용한다. 3인칭에서는 현재동사의 중간모음에 따라 /bi/ 또는 /bu/가 접두된다.

بَاكتب الرسالة دايما	bāktub ir-risāla dāyman. (습관)
بُيُكْتُب الرسالة دايما	buyuktub ir-risāla dāyman
كيف بِتْقُول بالعربي	kīf bitʔūl bil ʕarabi ? (진행)
بَاروح المكتبة يوم الجمعة	bārūḥ il-maktabi yōm il-jumʕa
هوّ بِيِلْعَب تنس هلّا	huwwa biyilʕab tinīs halla. (진행)

⑤ **부정사**

부정사 / مِش mish …/는 명사문의 술어를 부정하거나 '의무', '가능성'의 의미를 나타내는 조동사를 부정한다.

محمّد مش طالب	muḥammad mish ṭālib
الكيس مش هنا	il-kīs mish huna

لبنت مش في البيت　　il–bint mish fīl bēt.

مش ممكن أنام بالليلة　　mish mumkin ʔanām bilayli.

هوّ بيِلْعَب تنس هلّا　　huwwa biyilʕab tinīs halla

مش لازم تدرس هلَّا　　mish lāzim tudrus halla.

구어체에서 전치사 /fī or fīh/는 '~이 있다' 라는 의미로 هناك를 대신해 쓰인다. 이 경우는 /ma…sh/로 부정한다.

فيه سؤال؟　　fīh suwāl? – لا. ما فيش سؤال　　lā. ma–fīsh suwāl.

ما فيش شكّ　　ma–fīsh shakk.

ما فيش مانع　　ma–fīsh māniʕ.

ما فيش فلوس　　ma–fīsh fulūs

과거, 현재동사의 부정은 ما 를 사용하여 만든다.

ما طلبنا المصاري　　ma ṭalabnā il-maṣāri.

لِسّا ما جَتْ　　lissā ma jat.

ما أروح المدرسة اليوم　　ma ʔarūḥ il–madrasi il– yōm.

ما أَريد أصرف دولار　　ma ʔarīd ʔaṣrif dulāl.

ما صار أروح معك　　ma ṣār ʔarūḥ maʕak.

ما أقدر أروح إلك هلّا　　ma ʔagdar ʔarūḥ ilaka halla

= مش ممكن أروح إلك هلّا　　mish mumkin ʔarūḥ ilaka halla

요르단 방언 연습하기

대화문-1

أيّ خدمة؟

١. الموظف : صباح الخير يا سيد، أيّ خدمة؟

٢. مارك : صباح النور، نعم. هَلّا وصلت من لندن وعندي مُشْكِلة.

٣. الموظف : خير إن شاء الله.

٤. مارك : مُبِين (مُبَيِّن) ضَيَّعوا شنطتي. (يبدو أنّهم ضيّعوا)

٥. الموظف : شو حَجْم الشنطة؟

٦. مارك : وَسْط. يَعْني، لا كبيرة ولا صغيرة.

٧. الموظف : ولونها؟

٨. مارك : لونها أزرق.

٩. الموظف : دقيقة من فضلك... هذي شنطتك؟

١٠. مارك : لا. هذي مِش هي. شنطتي مثل (زَي) هذي.

١١. الموظف : ممكن هذي؟

١٢. مارك : أيوه. شكرا جزيلا.

١٣. الموظف : كم شنطة عندك؟ واحدة بَسْ.

١٤. مارك : نعم عندي واحدة بس. شكرا على المساعدة.

١٥. الموظف : عفوا. مع السلامة.

١٦. مارك : الله يِسَلّمَك.

어휘와 표현

المفردات والتعبيرات

maybe, possibly	مُمْكِن	now, just now	هَلاّ
only, just	بَسّ	Nothing serious	خَيْر إنْ شَاء الله
good-bye (in response) ("May God keep you safe.")	بِسَلّمَك	It seems that they lost	مبين ضَيَّعُوا
		suitcase, briefcase	شَنْطَة (شُنَط)
		minute	دَقِيقَة (دَقَائِق)
		this(f.)	هَذِي

문법 사항

1. 지시 대명사

this (m.)	هذا	that (m.)	هذاك
this (f.)	هذي	that (f.)	هذيك
these (m. & f.)	هذول	those (m. & f.)	هذولاك

2. 지시사구

These kings aren't Arabs.	هذول الملوك مش عرب.
That island is small.	هذيك الجزيرة صغيرة.
Did they find that book?	وجدوا هذاك الكتاب؟

3. 과거동사 형태변화

وَصَلُوا	وَصَلَتْ	وَصَل
they arrived	she arrived	he arrived
وَصَلْتُوا	وَصَلْتِ	وَصَلْت
you (pl.) arrived	you (f.) arrived	you (m.) arrived
وَصَلْنا		وَصَلْت
we arrived		I arrived

⇨ 구어체의 2, 3인칭 복수형에는 남녀구분이 없음을 유의하자.

A. 과거부정

불변사 ما 는 과거동사를 부정한다.

I didn't arrive in Manama. ما وصلت الى المنامة.

We didn't lose our suitcases. ما ضيّعنا شنطنا.

He wasn't a leader. ما كان زعيم.

대화문-2

ضَيَّعْت شنطتي

١. سلوى : عفوا... حَضْرَتَك السيد مارك ستانلي؟

٢. مارك : أيوه، أنا مارك. حضرتِك من السفارة الأميركية؟

٣. سلوى : نعم. اسمي سلوى أبو غزالة.

٤. مارك : اِتْشَرَّفْنا يا آنسة سلوى.

٥. سلوى : الشرف لنا. كيف الحال؟

٦. مارك : بخير، الحمد لله. وكيف حالك أنت؟

٧. سلوى : الحمد لله. أهلا وسهلا في الأردن.

٨. مارك : أهلا بيك.

٩. سلوى : إن شاء الله كانت سَفْرَتك مُريحة؟

١٠. مارك : كان عندي مشكلة صغيرة. ضَيَّعْت شنطتي، لكن وجدوها لي.

١١. سلوى : الحمد لله. متى وصلت طائرتك؟ أنا ما سِمِعْت أيّ إعلان!

١٢. مارك : وصلنا قبل عشرين دقيقة تقريبا.

١٣. سلوى : إنْتَ سافرت من نيويورك، مش هيك ؟ كيف كانت السفرة؟

١٤. مارك : نعم، سافرت من نيويورك. السفرة ما كانت بطّالة، ولكن أنا تعبان شوي.

١٥. سلوى : الحمد لله على السلامة.

١٦. مارك : الله يِسَلِّمَك. معك سيارة؟

١٧. سلوى : نعم سيارة السفارة هون. اِتفضّل معي.

١٨. مارك : طيّب. السفارة بعيدة عن المطار؟

١٩. سلوى : لا. مش كثير... نصّ ساعة بالسيارة.

어휘와 표현

المفردات والتعبيرات

a little bit, somewhat	شُوَي	you(formal, polite) ("your presence")	حَضْرَتَك
Thank God for your safety	الْحَمْدُ لِله عَلَى السَّلاَمَة	Pleased to meet you ("we are honored")	اِتْشَرَّفْنَا
here	هون	The honor is ours	الشَّرَف لَنَا
half	نُص	I didn't hear	ما سِمِعت
hour, clock, wristwatch	سَاعَة	announcement	إِعْلاَن (ـات)
		Isn't it? (부가의문문)	مِشْ هِيك
		was not bad	ما كانت بطّالة
		tired	تَعْبَان (ـات)

문법 사항

1. 인칭 대명사

We	إحْنا	I	أنا
		You(m)	إنْتَ
You(pl)	إنْتُوا	You(f)	إنْتِ
		He	هو
They	هُمَّ	She	هي

2. 전치사 عند، مع 의 과거시제 용례와 부정

كان عندي مشكلة.

كان عِنْدَك وقت كثير ؟

كان عندنا شنطة لكن ضيّعناها.

كان معي سيّارة. كان معنا سيّارة.

이 표현들은 ما 에 의해 부정된다.

ما كان معي سيارة.

ما كان عندي مشكلة.

연습문제-1) 예문처럼 다음 질문에 답하시오.

مين كان معك ؟ ← سليم كان معي.
لمين هذا الكتاب ؟ ← هذا الكتاب إليّ.

1. مِين كان معكم ؟ (أحمد) ← ______________________

2. بين مين ومين كان الحِوار؟ (انا وانتَ) ← ______________________

3. مع مين كانت السيارة ؟ (نحن) ← ______________________

4. لمين الساعة ؟ (أنا) ← ______________________

5. مين سافر معك ؟ (فاطمة) ← ______________________

연습문제-2) 다음 질문에 답하시오.

1. كم شنطة عندك؟

2. متى وصل مارك؟

3. وين السفارة الكورية؟

4. شو حجم شنطتَك؟

5. كم شنطة ضيّعوا؟

6. مين رئيس بَلَدِك؟

7. معك سيارة هلّا؟

8. مين عنده مشكلة؟

9. إنتَ من وين؟

10. شو اسم موظّفة الشرِكة؟

11. كم طاولة في المطعم؟

12. شو لون سيّارتَك؟

대화문-3

أي بلاد زرت ؟

١. سلوى : كنت في الشرق الاوسط من قبل يا سيد مارك ؟

٢. مارك : نعم. زرْت بعض البلاد العربية لمّا كنت طالب في الجامعة – قبل عشر سنين.

٣. سلوى : صحيح ؟ أي بلاد زرت ؟

٤. مارك : كنت في مصر لمدة شهر، وبعدين رُحْت الى لبنان وسوريا لمدة قصيرة.

٥. سلوى : لمّا كنت في مصر، شُفْت الاهرام والآثار التاريخية الاخرى ؟

٦. مارك : طبعا . شفت الاهرام وسافرت مع صديق الى الاقصر وشُفْنا بعض الآثار الفرعونية هناك وزُرْنا متاحف كمان.

٧. سلوى : الآثار المصرية ممتعة جدا و لا تِنْسَى إنه عندنا آثار ممتعة هنا في الاردن كمان مثل البتراء وجرش.

٨. مارك : هيك سمعت. أنا كنت في الأردن قبل سنتين لكن لمدة قصيرة – بس ثلاثة أيام.

٩. سلوى : كنت هنا قبل سنتين؟ آه! ممكن كنت مع وزير الخارجية الاميركي لمّا زار الملك حسين وبعض الرؤساء العرب الآخرين.

١٠. مارك : أيوه. كنت معه. كُنَّا في عمان يومين ورُحْنا الى العقبة ليوم واحد.

١١. سلوى : رُحْتوا الى العقبة! هذي المنطقة حِلْوة كثير! أنا كنت هناك مع عائلتي قبل أسبوعين، و الطقس كان رائع.

١٢. مارك : عفوا – شو معنى كلمة "رائع"؟ ما فهمت.

١٣. سلوى : يعني كويس جدا.

١٤. مارك : آه، هلّا فِهِمْت. شكرا.

١٥. سلوى : لا شكر على واجب.

어휘와 표현

المفردات والتعبيرات

Two days	يَوْمَيْن	Before, previously	مِنْ قَبْل
We went	رُحْنَا	I visited	زُرْت
Region, area	مِنْطَقَة (مَنَاطِق)	When, at the time that	لَمَّا
Splendid, wonderful	رَائِع	You(m.) visited	زُرْت
I understood	فِهِمْت	After that	بعدين
Good	كُوَيِّس (ين-)	I went	رُحْت
Don't mention it (response to شُكْرًا)	لا شُكْر عَلَى وَاجِب	I saw	شُفْت
The pyramids	اَلأَهْرَام	We visited	زُرْنَا
Ruins, antiquities(pl.)	آثَار	also	كَمان
Historical	تَارِيخِي	Don't forget	لا تِنْسَى
Other(f.)	أُخْرَى	Minister(of state)	وَزِير(وُزَرَاء)
Naturally, of course	طَبْعًا	Foreign minister, Secretary of State	وَزِير الْخَارِجِيَّة
We saw	شُفْنَا	He visited	زَار
Pharaonic	فِرْعُونِي		

문법 사항

1. 간약동사 형태변화

رَاح (to go)

راحُوا	راحَتْ	راح
‘they went’	‘she went’	‘he went’
رُحْتُوا	رُحْتِ	رُحْت
‘you(pl) went’	‘you(f) went’	‘you(m) went’
رُحْنا		رُحْت
‘we went’		‘I went’

صَار (to become)

صارُوا	صارَتْ	صار
‘they became’	‘she became’	‘he became’
صِرْتُوا	صِرْتِ	صِرْت
‘you(pl) became’	‘you(f) became’	‘ you(m) became’
صِرْنا		صِرْت
‘we became’		‘I became’

2. 수

A. 단수형

수사 واحد 가 수식어로 사용된다.

وزير واحد	طائرة واحدة

B. 양수형

양수형은 문어체의 목적격/소유격 형태를 갖는다.

وزيرين	طائرتين

C. 복수형

문어체와 같이 수사 3-10 뒤에 오는 피수사는 복수형을 취한다. 피수사 명사가 남성이면 남성, 여성이면 여성형 수사가 온다.

خمسة وزراء	ستّ طائرات

⇨ 수사와 피수사 명사 간의 성일치는 구어체에서는 반드시 지켜지지 않는다.

خمسة اولاد أو خمس اولاد	Five children
تسعة ايام أو تسع ايام	Nine days

D. 10 이상의 경우

수사가 10 이상의 경우 피수사는 단수형을 취한다.

خمسة عشر وزير	خمسة عشر طائرة
سبعة وعشرين طالب	سبعة وعشرين موظّف
مئة وزير	مئة طائرة

⇨ مئة 는 /miit/로 발음됨에 유의하자.

3. 성일치(Gender Agreement)

A. 인간 명사의 경우

I saw some Arab heads of state(m).	شُفْت بعض الرؤساء العرب
These ministers are Saudians.	هذول الوزراء سعوديين.
I saw some Egyptian students(f).	شفت بعض الطالبات المصريات.
These ministers(f) are Syrians.	هذول الوزيرات سوريات.

B. 비인간 명사의 경우

I visited some Arab countries.	زرت بعض البلاد العربية.
They have many problems.	عندهم مشاكل كثيرة.
These cities are important.	هذي المدن مُهِمّة.

대화문-4

تِتْكَلّم عربي كويس

١. سلوى : تِتْكَلّم عربي كويس، يا سيد مارك. وِين درست؟

٢. مارك : درست عربي في معهد السلك الخارجي، بواشنطن، لمدّة عشرة أشهر.

٣. سلوى : يا سلام ! عشرة أشهر بس! قُول لي. هذا المعهد تابع لوزارة الخارجية، مش هيك؟

٤. مارك : نعم. في المعهد الطلاب يُدْرُسوا عادة ست ساعات كلّ يوم، و يُدْرُسُوا اللغة الفصحى بالاضافة الى العامية.

٥. سلوى : يِتْعَلّمُوا القراءة والكتابة والكلام؟

٦. مارك : أيوه، يُدْرُسوا كل هذا حَتَّى يِقْدَرُوا يِقْرَأُوا ويُكْتُبوا ويِتْكَلَّموا عربي.

٧. سلوى : ولكن اللغة العربية صعبة كثير على الأجانب، مش هيك؟

٨. مارك : طبعا، هي مش لغة سهلة، ولكن مش صعبة كثير. لهذا السبب فيه بَرْنامَج متقدّم في تونس بالاضافة إلى البرنامج في واشنطن.

٩. سلوى : تِعْرِف لغات أجنبية ثانية بالإضافة إلى اللغة العربية؟

١٠. مارك : درست اللغة الفرنسية في المدرسة الثانوية وفي الجامعة، ولكن أعرف العربية أحسن من الفرنسية.

١١. سلوى : فِعْلا – تِتْكَلّم عربي كويس جدا، مُبين تِفْهَم كلّ شيء أقوله لك تقريبا.

١٢. مارك : هذا من لُطْفِك. أَحاوِل وأنا مُصَمِّم أَتْحَسَّن.

١٣. سلوى : عندك فرصة ذهبية حتّى تِتْحَسَّن وإنت في الأردن.

١٤. مارك : معك حقّ. لازِم أَتْمَرَّن قَدْر الإسكان وأنا في هذا البلد الطيب حَتَّى أتكلّم بطلاقة، إن شاء الله.

١٥. سلوى : التمرين مُهِمّ كثير— صح – وأنا مُمْكِن أَساعِدَك. لازم نتْكَلّم عربي دائما مع بعض.

١٦. مارك : فكرة كويسة! خَلّينا نعْمَل هيك. أنا مَمْنُونِك.

어휘와 표현

المفردات والتعبيرات

That's nice of you ("That is of your kindness")	هَذَا مِنْ لُطْفِك	You(m) speak	تِتْكَلَّم
Determined, resolved	مُصَمِّم (-ين)	where	وين
While you're in Jordan	وَأَنْتَ فِي الْأُرْدُن	Foreign service institute	مَعْهَد السِّلْك الْخَارِجِي
Right (noun)	حَق (حُقُوق)	Expression of surprise: wow, no kidding!	يَا سَلام!
You're right.	مَعَك حَق	Tell me	قُول لِي
It is necessary (that), must	لازِم	Belongs to; belonging to	تَابع (لِ)
I practice	أَتْمَرَّن	Ministry	وِزَارَة (ـات)
As much as possible	قَدْر الْإِمْكَان	Usually	عَادَةً
Always	دَائمًا	In addition to; besides	بِالإِضَافَة إلى
Idea, thought	فِكْرَة (فِكَر)	In order to, until, so that	حَتَّى
Let's	خَلِّينا	not	مش
I appreciate you(f)	أنا مَمْنُونِك	For this reason; therefore	لِهَذَا السَّبَب
Program; schedule	بَرْنَامَج (بَرَامِج)	Advanced	مُتَقَدِّم
Everything	كُل شَيْء	I say (it)	أَقُولُه

어휘 노트

1. يا سَلام

이 표현은 놀라움을 나타내며, 행복하거나 괴로운 상황에서 모두 사용될 수 있다.

(How nice!, Wow, or How awful!, Good grief)

2. 연결사 وَ

연결사 وَ 는 연결의 의미 외에도 상태절에서 '~하는 동안'이라는 의미로 사용된다.

You have a golden opportunity to improve while you're in Jordan. — عندك فرصة ذهبية حتّى تِتْحَسَّن وإنت في الاردن.

I have to practice as much as possible while I'm in this country. — لازم أتمرّن قدر الإمكان وأنا في هذا البلد.

문법 사항

1. 지시사구

this notebook	هذا الدفتر
that day	هذاك اليوم
this city	هذي المدينة
that newspaper	هذيك الجريدة
these teachers	هذول المدرسين
those leaders	هذولاك الزعماء

연습문제) 다음 문장을 해석하시오.

1. هذا كرسي مُريح
2. هذي ورقة مهمة.
3. هذول طلاب مصريين.
4. هذاك كتاب عربي.
5. هذي الآثار رائعة.
6. هذولاك وزراء عرب.
7. هذيك لغة صعبة.
8. هذول زعماء أجانب.
9. هذي فكرة كويسة.
10. هذيك وزارة مهمة.
11. هذا صديق آخر.
12. هذي جريدة يَوْمية.

2. 현재동사 형태변화

دَرَس (to study)

يُدْرُس	تُدْرُس	يُدْرُسُوا
'he studies'	'she studies'	'they study'
تُدْرُس	تُدْرُسِي	تُدْرُسُوا
' you(m) study'	'you(f) study'	'you(pl) study'
أَدْرُس		نَدْرُس
'I study'		'we study'

현재동사는 ما 에 의해 부정된다.

We don't study every day. — ما نَدْرُس كلّ يوم.

I don't speak English fluently. — ما أَتْكَلَّم الانجليزية بطلاقة.

راح (to go)

يرُوحُوا	ترُوح	يرُوح
'they go'	'she goes'	'he goes'
ترُوحُوا	ترُوحِي	ترُوح
'you(pl) go'	'you(f) go'	'you(m) go'
نرُوح		أرُوح
'we go'		'I go'

صار (to become)

يصِيرُوا	تصِير	يصِير
'they become'	'she becomes'	'he becomes'
تصِيرُوا	تصِيرِي	تصِير
'you(pl) become'	'you(f) become'	'you(m) become'
نصِير		أصِير
'we become'		'I become'

3. 조동사 لازِم과 مُمْكِن의 용법

- 조동사는 형태가 변하지 않는다.
- 조동사 다음에는 반드시 현재동사가 온다.

I have to practice as much as possible.	لازم أتمرّن قدر الامكان.
We should always speak Arabic with each other.	لازم نتْكَلَّم عربي دائما مع بعض.
They can read, write, and speak Arabic.	ممكن يِقْرَأُوا ويْكْتُبُوا ويِتْكَلَّمُوا عربي.
I can help you.	ممكن أَساعِدَك.

⇨ ممكن 이 단독으로 쓰이거나 명사문 또는 과거동사가 뒤에 오게 되면 '아마도' 라는 의미를 갖는다.

Maybe she's at the office.	ممكن هي في المكتب.
Perhaps they arrived last night.	ممكن وصلوا الليلة الماضية.

⇨ لازم과 ممكن은 مِش 에 의해 부정된다.

You(m) don't have to help me.	مش لازم تِساعِدني.
Can't you(f) try ?	مش ممكن تِحاوِلي؟
We don't have to study today.	مش لازم ندْرُس اليوم.
I can't speak in French.	مش ممكن أتْكَلَّم بالفرنسية.

4. حَتَّى는 문어체의 لِ، كَيْ، لِكَيْ 를 대체해서 사용된다.

You have a golden chance to improve.	عندك فرصة ذهبية حتّى تِتْحَسَّن.
I have to practice as much as possible while I'm in this good country so that I can speak fluently.	لازم أتمرَّن قدر الامكان وأنا في هذا البلد الطيّب حتّى أتْكَلَّم بطلاقة.

대화문-5

في الطريق الى الاوتيل

١. سلوى : تِريد ترُوح الأوتيل راساً، سيد مارك؟

٢. مارك : أيوه، إذا ممكن. لازم أَشُوف نائب رئيس البعثة لكن بِدّي أرُوح لِلفندق أولا، إذا ما فيه مانع.

٣. سلوى : ما فيه مانع أبداً. السيد سكوت قال لي إنّه يريد يُشوفك حوالي الساعة ثلاثة ونص، وهلاّ الساعة واحدة وربع.

٤. مارك : طيّب لِسّا عندي وقت. أَفْتَكِر إنّي لازم أَسْتَريح شوي.

٥. سلوى : حضرتك لا بُدّ إنّك جوعان.

٦. مارك : لا. والله مش جوعان، لكن نَعْسان. حَسَب ساعتي الساعة هلاّ ستة وربع الصبح وما قَدَرْت أنام في الطائرة.

٧. سلوى : ما نِمْت أبداً؟ أكيد إنْتَ، بِدُون شكّ، تعبان. على فِكْرة – تِعْرِف إنَّ السفارة اِسْتَاجَرَتْ لك بيت جميل؟ وممكن يكُون حاضِر الاسبوع الجاي، إن شاء الله.

٨.مارك : الحمد لله. عائلتي جاية بعد حوالي أسبوعين.

٩. سلوى : ممكن أَسْأَلَك كم ولد عندكم؟

١٠. مارك : عندنا ثلاثة أولاد : صَبِيّ وبنتين.

١١. سلوى : الله يِخَلّيهم.

١٢. مارك : شكرًا، حضرتك عندك أولاد؟

١٣. سلوى : لا. أنا مش متزوّجة. أنا لِسّا ساكنة مع أبوي وأمي وإخوتي الأربعة.

١٤. مارك :عندك أربعة اخوة! ما شاء الله! إنت، يِاتُرَى، البنت الوحيدة؟

١٥. سلوى : لا. عندي أخت اِتْزَوَّجَتْ السنة الماضية. وهلاّ ساكنة هي وزوجها في ضَواحِي المدينة هي أكبر منّي بخمس سنين.

١٦.مارك : إنتِ أصغر الكلّ؟

١٧. سلوى : لا. أنا مش أصغرهم. أختي وثلاثة من اخوتي أكبر مِنّي. أخوي أحمد هو الأصغر. عمره ١٦ سنة ولسّاه في المدرسة.

어휘와 표현

المفردات والتعبيرات

By the way	عَلَى فِكْرَة	On the way to	في الطَّرِيق إلى
To rent, to lease	اِسْتَأْجَر/يِسْتَأْجِر/اِسْتِئْجَار	Hotel	أُوتِيل (-ات)
Ready	حَاضِر (-ين)	Directly, right away	رَأْسًا
Coming, next	جَاي	I want	بِدّي
Boy	صَبِي (صِبْيَان)	I go	أَرُوح
Still	لِسَّا	Around, approximately	حَوَالَي
I wonder	يَا تُرَى ...	To think, to believe	اِفْتِكَار/يِفْتَكِر/اِفْتَكَر
Only, sole	وَحِيد	To sleep	نَوم/يِنَام/نَام
Suburb	ضَاحِيَة (ضَوَاحي)	Certainly, surely	أَكِيد
The youngest	اَلْأَصْغَر	Doubtless, without a doubt	بِدُون شَكّ

문법 사항

1. 과거시제 간약동사 형태변화

نام (to sleep)

ناموا	نامَتْ	نام
'they slept'	'she slept'	'he slept'
نِمْتُوا	نِمْتِ	نِمْت
'you(pl) slept'	'you(f) slept'	'you(m) slept'
نِمْنا		نِمْت
'we slept'		'I slept'

اِسْتَرَاح (to rest)

اِسْتَرَاحُوا	اِسْتَرَاحَتْ	اِسْتَرَاح
'they rested'	'she rested'	'he rested'
اِسْتَرَحْتُوا	اِسْتَرَحْتِ	اِسْتَرَحْت
'you(pl) rested'	'you(f) rested'	'you(m) rested'
اِسْتَرَحْنا		اِسْتَرَحْت
'we rested'		'I rested'

2. 현재시제 간약동사 형태변화

قال/يُقُول (to say)

يُقُولُوا	تقُول	يُقُول
‘they say’	‘she says’	‘he says’
تُقُولُوا	تُقُولِي	تُقُول
‘you(pl) say’	‘you(f) say’	‘you(m) say’
نقُول		أَقُول
‘we say’		‘I say’

أرَاد/يرِيد (to want)

يرِيدُوا	ترِيد	يرِيد
‘they want’	‘she wants’	‘he wants’
ترِيدُوا	ترِيدِي	ترِيد
‘you(pl) want’	‘you(f) want’	‘you(m) want’
نرِيد		أرِيد
‘we want’		‘I want’

نام/ينام

يِنَامُوا	تِنَام	يِنَام
‘they sleep’	‘she sleeps’	‘he sleeps’
تِنَامُوا	تِنَامِي	تِنَام
‘you(pl) sleep’	‘you(f) sleep’	‘you(m) sleep’
ننَام		أنَام
‘we sleep’		‘I sleep’

⇨ 간약동사 중간모음에 따른 현재동사, 동명사

A. uu-

to go	راح / أرُوح / رَواح
to see	شاف / أشُوف / شَوْف
to say	قال / أقُول / قَوْل
to drive	ساق / أسُوق / سِياقة، سَواقة
to visit	زار / أزُور / زِيارة
to be	كان / أكُون / كَوْن

B. ii-

to want	أراد / أرِيد / إرادة
to rest, relax	اِسْتَراح / أسْتَرِيح / اِسْتِراحة
to become	صار / أصِير / مَصير، صَيْر، صَيْرُورة

C. aa-

to sleep	نام / أنام / نَوْم

3. 동사 بِدّ 의 용법

بِدْهم	بِدْها	بِدّه
'they want'	'she wants'	'he wants'
بِدْكم	بِدِّك	بِدَّك
'you(pl) want'	'you(f) want'	'you(m) want'
بِدْنا		بِدِّي
'we want'		'I want'

She wants help.	بدْها مساعدة.
Do you(f) want this book?	بدِّك هذا الكتاب؟
We want to travel with you.	بدْنا نسافر معكم.
I want to be there.	بدِّي أَكُون هناك.

A. بدّ의 부정

I don't want to go now.	ما بدّي أرُوح هلّا.
He doesn't want to read the newspaper now.	ما بدّه يِقْرَا الجريدة هلّا.

B. بدّ의 과거형

I wanted to see you.	كان بدّي أشُوفَك.
I wanted a picture of you.	كان بدِّي صورة الكم.
They didn't want to drive.	ما كان بدهم يُسُوقوا.

4. 목적격화사 إنّ 의 용법

구어체의 목적격화사는 오로지 إنّ 만이 사용되고 종속절을 이끈다.

Mr. Scott told me that he wants to see you.	السيد سكوت قال لي إنّه يريد يْشُوفك.
I think that I need to rest a bit.	أفتكر إنّي لازم أستريح شوي.
You must be hungry.	لا بُدّ إنّك جَوْعان.
Do you know that the embassy rented a nice house for yoy?	تِعْرِف إنّ السفارة اسْتَأْجَرَتْ لك بيت جميل؟

연습문제) 다음 예문과 같이 문장을 변형하시오.

> هي في طريقها إلى المدرسة. ← أفتكر إنّها في طريقها إلى المدرسة.
>
> يْدْرُسوا مع بعض. ← أفتكر إنّهم يْدْرُسوا مع بعض.

1. اِسْتَاجَرَتْ (هي) فيلا كبير. ← ______________________

2. يريد يِسْألك سؤال. ← ______________________

3. يِعْرِف من وين هي. ← ______________________

4. اتزوّجتْ (هي) قبل شهرين. ← ______________________

5. لازم يْشُوفَك. ← ______________________

6. ممكن أَساعِدَكَ. ← ______________________

7. ما فِهِمَتْ (هي) السؤال. ← ______________________

8. رَح يْرُوحُوا يوم الميس. ← ______________________

9. نِمْت (انتَ) كل النهار. ← ______________________

10. تِعْرِفوا الأجوبة كلّها. ← ______________________

5. لِسّا 의 용법

A. لِسّا 는 '아직'이라는 의미로 독립형태 또는 접미 대명사와 함께 쓰인다.

I still have time.	لسّا عندي وقت.
I am still living with my fatherand my mother.	أنا لسّا ساكنة مع أبوي وأمي.
He is still in school.	لسّاه في المدرسة

B. لِسّا 는 질문에 대한 응답으로 쓸 수 있는데 '아직 ~이 아니다'라는 의미를 갖는다.

Has she arrived?	وَصَلَتْ؟
Not yet.	لسّا.
Have you read the paper?	قرأت الجريدة؟
Not yet.	لسّا.

6. 시간 표현하기

구어체에서 1시에서 10시까지 시간 표현은 여성형 기수사를 사용한다. 그러나 11시와 12시는 남성형 기수사를 사용한다.

1:00	الساعة الواحدة
2:00	الساعة تنتين
5:00	لساعة خمسة
8:00	الساعة ثمانية
11:00	الساعة أحد عشر
12:00	الساعة اتنا عشر

⇨ 분수로 나타내는 분 단위는 문어체와 유사하다.

رُبْع ساعة

ثُلْث ساعة

نُص ساعة

대화문-6

في الاوتيل

١. موظف الاوتيل : مرحبا يا أستاذ. أيّ خدمة؟

٢. مارك : نعم. أفتكر فيه غرفة محجوزة اليّ عندكم.

٣. موظف الاوتيل : الاسم الكريم؟

٤. مارك : اسمي مارك ستانلي.

٥. موظف الاوتيل : لحظة... خَلّيني أَشُوف الغرفة اِللّي أَعْطُوك إيّاها... هي غرفة لشخص واحد او أكثر؟

٦. مارك : لشخص واحد – اليّ أنا وحدي.

٧. موظف الاوتيل : عندنا غرفة مع حمّام محجوزة الك لكن فيه مشكلة بسيطة.

٨. مارك : خير إن شاء الله!

٩. موظف الاوتيل : ما صار عندنا وقت كافي حتّى نِغَيِّر الشَّراشف ونِخَلّص تِنْظِيف الغرفة. هلاّ الخادمة تِشْتَغِل فيها. ممكن تِنْتَظِر نصّ ساعة؟

١٠. مارك : مُسْتَحِيل، عندي موعد في السفارة الأميركية بعد ساعة وبدّي أَحُطّ أغراضي في الغرفة وأستريح شوي. ما عندكم غرفة مناسبة غيرها؟

١١. موظف الاوتيل : لا. والله. ما أَظُنّ عندنا غُرَف فاضية. لكن رَح أَحْكِي مع المسؤول ورح أشوف شو ممكن نِعْمَل.

١٢. مارك :طيّب، الله يِخَلّيك ما عندي وقت كثير. أَحُبّ أرتاح شوي.

١٣. موظف الاوتيل : (بعد كم دقيقة) يا سيّد أفتكر إننا نقْدَر نحُلّ المشكلة. فيه عندنا كم غرفة نحجزها عادة للحالات الطارئة للضيوف الرسميين. نِقْدَر نِعْطِيك واحدة منها وهي أحسن من اللي كانت محجوزة الك، إذا تُحُبّ.

١٤. مارك : ما عندي أيّ مانع. أفتكر هذا حَلّ مناسب. الغرفة في أيّ طابق؟

١٥. موظف الاوتيل : في الطابق التاسع. تفضّل المفتاح. الفرّاش رح يِجي يِحْمِل شنطك. متأسفين على الإزعاج.

١٦. مارك : بسيطة. أشكرك. على فكرة، استلمت أي رسائل؟

١٧. موظف الاوتيل : خَلّيني أشوف... لا. ما فيه شيء.

١٨. مارك : طيّب. وين أَلاقِي الاسانسير؟

١٩. موظف الاوتيل: المِصْعَد على يمينك تحت الضوء الأحمر، ولمّا تُتْرُك المصعد في الطابق التاسع خُذْ يَسارَك وامْشِ على طول المَمْشى حتّى تِوْصَل الغرفة رقم ٩١١.

어휘와 표현

المفردات والتعبيرات

I take a rest a little bit	أرتاح شوي	Reserved(e.g., a room, a table, etc.)	مَحْجُوز
Several (followed by singular noun)	كَمْ	Noble; distinguished	كَرِيم (كُرَمَاء، كِرَام)
To reserve	حَجَز/يِحْجِز/حَجْز	Moment	لَحْظَة (ـات)
Emergency situation	حالة طارئة	Let me see	خَلّيني أَشُوف
Guest	ضَيْف (ضُيُوف)	To give	أَعْطَى/يُعْطِي/إِعْطَاء
Solution	حَلّ (حُلُول)	Direct object pronoun carrier	إيّا
Porter, bellhop	فَرّاش	Bath; bathroom	حَمَّام
Future marker: will, shall	رَحْ	Simple, uncomplicated	بَسِيط
To come	إجا/يِجِي/مَجِيئ	Sufficient, enough	كافي
To carry	حَمَل/يِحْمِل/حَمْل	To change	غَيَّر/يِغَيِّر/تَغْيِير
Sorry(for s.th.)	مُتَأَسِّف (ين-) (ة-ات)	Sheet, bedclothes	شَرْشَف (شَراشِف)

Disturbance, annoyance,	إزْعَاج	To finish	يِخَلّص/خَلّص/تَخْلِيص
To find; to meet	مُلاَقَاة/يِلاَقِي/لاقى	To wait	اِنْتِظَار /يِنْتَظِر /اِنْتَظَر
Elevator	أَسَانْسير	Impossible	مُسْتَحِيل
To leave	/تَرَك/يُتْرُك/تَرْك	To put, place	حَطّ/يُحُطّ/حَطّ
Elevator	مِصْعَد (مَصَاعِد)	Things; belongings	أَغْرَاض
To take	أَخَذ/يَأْخُذ/أَخْذ	Appropriate, suitable	مُنَاسِب
Left(direction)	يَسَار	Other than	غَيْر
To go; to walk	/مَشى/يِمْشِي/مَشْي	To suppose, believe, think	ظَنّ/يُظُنّ/ظَنّ
Straight	عَلَى طُول	Empty, unoccupied, free	فَاضِي
Hallway, corridor	مَمْشى (مَمَاشي)	To talk	حَكَى/يِحْكِي/حَكْي
You(m) arrive	تِوْصَل	Person responsible(noun)	مَسْؤُول(ين)

문법 사항

1. 관계절 용법

This is the suitcase which arrived yesterday.	هذي هي الشنطة اللّي وصلت امبارح.
This is a suitcase which arrived yesterday.	هذي هي شنطة وصلت امبارح.
This is the suitcase they found.	هذي هي الشنطة اللّي وجدوها.
This is a suitcase they found.	هذي شنطة وجدوها.

연습문제) 다음 문장을 번역하시오.

1. وجدنا الدفتر اللّي كتبتْ اسمها فيه.

2. هذا معهد تابع لوزارة الخارجية.

3. البحر الاحمر هو البحر اللّي يقع بين مصر والسعودية.

4. عندي صديق يشتغل في الحكومة.

5. لسّا ما شفت المكتب الجديد اللّي أَعْطُوني إيّاه.

6. شكرت المدرّسين اللّي ساعدوني.

7. هذي مشكلة نقْدر نحُلُّها.

8. هذي مش لغة درستها.

9. شو كان السؤال اللي ساله؟

2. وَحْد 용법

وَحْد 또는 لِوَحْد 에 접미 대명사를 붙여 '혼자, 스스로'라는 의미를 나타낸다.

وَحْدهم	وَحْدها	وَحْده
'by themselves'	'by herself'	'by himself'
وَحْدكم	وَحْدِك	وَحْدَك
'by yourselves'	'by yourself(f)'	'by yourself(m)'
وَحْدنا		وَحْدِي
'by ourselves'		'by myself'

연습문제) 괄호 안에 وحد의 올바른 형태를 기입하고 해석하시오.

1. يُحُبّ يسُوق السيّارة ________________.

2. سافرتْ إلى قَطَر ________________.

3. تِقْدَري تِعْمَلي التمرين ________________؟

4. وَصَلَتْ مريم إلى المطار ________________.

5. تريدوا ترُوحُوا إلى السفارة ________________؟

3. 미래사 رَحْ 용법

현재동사에 رَحْ 를 접두시키면 미래시제를 나타낸다.

The porter will come.	الفَرّاش رَحْ يِجِي.
We'll reserve a room for you.	رَحْ نحْجِز لك غرفة.
I'll solve the problem.	رَحْ أَحُلّ المشكلة.

They'll be at the airport.	رَحْ يُكونوا في المطار.
I'll be with you.	رَحْ أكُون معك.
Will you(f.) be in Lebanon next year?	رَحْ تُكوني في لبنان السنة الجاية؟

'to have'의 미래시제를 나타내기 위해 رَحْ يُكون+عند 구문을 사용한다.

رَحْ يكون عِنْدهُم	رَحْ يكون عِنْدها	رَحْ يكون عِنْدهُ
They will have	She will have	He will have
رَحْ يكون عِنْدكُم	رَحْ يكون عِنْدِك	رَحْ يكون عِنْدَك
You(pl.) will have	You(f.) will have	You(m.) will have
رَحْ يكون عِنْدنا		رَحْ يكون عِنْدِي
We will have		I will have

4. 말약동사

말약동사는 마지막 어근이 약자음으로 ى (الألف المقصورة) 또는 ا (الألف الممدودة)로 나타난다. 특히 ـَى 로 끝나는 말약동사의 현재동사형은 ـِي 로 형태변화 한다.

to talk	حَكَى / يِحْكِي
to go; to walk	مَشَى / يِمْشِي
to give	أَعْطَى / يِعْطِي
to find; to meet	لاقَى / يِلاقِي
to let	خَلَّى / يِخَلِّي

حَكَى (to tell)

حَكُوا	حَكَتْ	حَكَى
They spoke	She spoke	He spoke
حَكَيْتُوا	حَكَيْتِ	حَكَيْت
You(pl.) spoke	You(f.) spoke	You(m.) spoke
حَكَيْنا		حَكَيْت
We spoke		I spoke

* ى (الألف المقصورة) 뒤에 접미 대명사가 접미되면 ا (الألف الممدودة)로 변화된다.

He met us. لاقانا.

He bought it. اشتراه.

현재동사 형태변화

يِحْكُوا	تِحْكِي	يِحْكِي
They speak	She speaks	He speaks
تِحْكُوا	تِحْكِي	تِحْكِي
You(pl.) speak	You(f.) speak	You(m.) speak
نِحْكِي		أَحْكِي
We speak		I speak

5. إجا '오다'의 형태변화

요르단 구어체에서 '오다' 동사는 إجا 가 جاء를 대신한다

إجا (to come)

إجُوا	إجَتْ	إجا
They came	She came	He came
إجِيتُوا	إجِيتِ	إجِيت
You(pl.) came	You(f.) came	You(m.) came
إجِينا		إجِيت
We came		I came

현재동사 형태변화

يِجُوا	تِجِي	يِجِي
They come	She comes	He comes
تِجُوا	تِجِي	تِجِي
You (pl.) come	You(f.) come	You(m.) come
نجِي		أجِي
We come		I come

명령형

Come! (m.s.) تَعال! / اِجِ

Come! (f.s.) تَعالي! / اِجِي

Come! (pl.) تَعالوا! / اِجُوا

6. 중자음 동사 형태변화

To like, love	حَبّ / يُحُبّ
to think, suppose	ظَنّ / يُظُنّ
to put	حَطّ / يُحُطّ
to solve	حَلّ / يُحُلّ
to point(to), indicate	دَلّ (على) / يُدُلّ (على)

중자음 동사 حَبّ 의 과거/현재동사 형태변화

حَبّ / يُحُبّ / بِيحُبّ	حَبَّتْ / تُحُبّ / بِتْحُبّ	حَبُّوا / يُحُبُّوا / بِيحُبُّوا
حَبَّيْت / تُحُبّ / بِتْحُبّ	حَبَّيْتِ / تُحُبِّي / بِتْحُبِّي	حَبَّيْتُوا / تُحُبُّوا / بِتْحُبُّوا
حَبَّيْت / أَحُبّ / بَاحُبّ		حَبَّيْنا / نحُبّ / بِنْحُبّ

⇨ 접두사 بِ 는 현재진행 또는 습관의 의미를 나타낸다.

연습문제) 다음 문장을 번역하시오.

1. حَطّ الفنجان على الطاولة.
2. ظنّ إنه ما فيه وقت كافي.
3. حَبّ الحياة في المدينة.
4. حَلُّوا كلّ المشاكل.
5. دَلّ على الخريطة.
6. يُظُنّ إنه ما فيه مانع.

7. ما يُحُبّ يزُورهم.

8. يُحُطّ الشنط في الغرفة.

9. رح يُحُلّ المشكلة.

10. يُدُلّ على الصورة على الحائط.

7. 동사 صار의 용법

A. 동사 صار 는 '~이 되다', '발생하다, 일어나다'라는 의미를 갖는다

She became a teacher.	صارتْ مدرّسة.
What happened?	شو صار؟
An accident has happened.	صار فيه حادِث.
What will happen?	شو رَح يِصِير؟

B. صار عند 용법

I came to have enough time.	صار عندي وقت كافي.
I didn't get a chance to visit him.	ما صار عندي فُرْصة أزوره.

C. صار لِـ 용법

'~해 왔다'라는 시간이 경과된 의미를 나타낸다

How long have you been here?	كم صار لك هنا؟
I've been here a week.	صار لي هنا أسبوع.

대화문-7

قول لي شو عندكم اليوم؟

مارك يِقَرِّر يُرُوح إلى مطعم عربي صغير قريب من الفندق حتّى يِتْناوَل طعام العشاء. يِمْشِي الى المطعم ويُدْخُله ويُطْلُب من الرجل المسؤول إذا يِقْدَر يِجْلِس إلى طاولة قريبة من شبّاك. يِجْلِس لِوحده ويُنْظُر من الشبّاك مُفَكِّر شو يرِيد يَاكُل.

١. المستخدم : إن شاء الله أَعْجَبَك المنظر يا أستاذ؟

٢. مـــارك : يا سلام! شُوف ما أَجْمَل زهور الحديقة!

٣. المستخدم : فِعْلًا، منظر رائع يِفْتَح الشهية للأَكْل.

٤. مـــارك : بدون شكّ. وهلاّ قول لي شو عندكم اليوم؟

٥. المستخدم : اِتفضّل، هذي قائمة الطعام. ترِيد أُتَرْجِم لك؟

٦. مـــارك : لا. لكن صعب عليّ أقرأ خطّ اليد. من فضلك اقرأ لي انت أسماء أَكْلات اليوم.

٧. المستخدم : عندنا سلطة وكوسا مَحْشِيّ وورق عنب وكُبّة وكَفْتة وشاورما...

٨. مـــارك : ممتاز. أكيد عندكم كَمان مُقَبِّلات، مش هيك؟

٩. المستخدم : مَعْلُوم. عندنا مقبّلات على كَيْفَك ـــ حُمُّص بِطَحِينة وبابا غنوج ومكبوس الباذنجان والخيار و...

١٠. مـــارك : عظيم. أعطيني صَحْن شاورما وصحن صغير حمّص وخبز وسلطة لو سمحت.

١١. المستخدم : على عَيْنِي. أي شي ثاني يا أستاذ؟ تُحُبّ تِشْرَب شي؟

١٢. مـــارك : جِيب لي قُنَيْنة مَي معدنية من فضلك.

١٣. المستخدم : من كلّ بُدّ. دقيقة واحدة بس.

(بعد قليل من الوقت)

١٤. المستخدم : كيف ـ ان شاء الله أعجبك الأَكْل؟

١٥. مـــارك : الأكل بالحقيقة ممتاز: كثير ولذيذ. شكرًا جزيلاً.

١٦. المستخدم : صَحَتَيْن يا أستاذ، اِتْشَرَّفْنا دائما.

١٧. مـــارك : رَحْ أرجع بدون شكّ. على فكرة فيه تِلِفون قريب ممكن أستعمله؟ لازم أُتَلْفِن للفندق.

١٨. المستخدم : اِسْتَعْمِل التلفون هناك. افتحه يعني اِرْفَع السمّاعة، وحُطّ فيه ٥٠ فلس حتّى يِجِي الخطّ وبعدين أُضْرُب النِّمْرة. - يعني تَلْفِن.

١٩. مـــارك : ما معي فُراطة. اِصْرِف لي دينار وجِيب لي ورقة الحِساب في نفس الوقت من فضلك.

٢٠. المستخدم: تِكْرَم، رَحْ أَجِيب لك إياها حالًا.

어휘와 표현

المفردات والتعبيرات

Dish(type of food)	أكْلة (ـــات)	To decide	/قَرَر/يِقَرِّر/تَقْرِير
Squash, zucchini	كوسا	To take(a meal); to deal with, treat	تَنَاوَل/يِتْناوَل/تَنَاوُل
Stuffed	مَحْشِي	Dinner	عَشَاء
Grape leaves	وَرَق عِنَب	To enter	دَخَل/يُدْخُل/دُخُول
Meatballs made of bulgar, onoions and minces meats	كُبَّة	To request; to ask for something	طَلَب/يُطْلُب/طَلَب(مِن)
Kafta (ground meat)	كَفْتَة	Thinking; thinker	مُفَكِّر
Shawarma (meat sandwich)	شَاوَرْما	Employee	مُسْتَخْدَم
appetizers	مُقَبِّلات	look	شُوف
Of course	مَعْلُوم	How beautiful!	!مَا أَجْمَل
Just as you like; just the way you like	عَلَى كيفَك	Flower	زَهْرَة (زُهُور)

Hummos(chickpea)	حُمُّص	Indeed; truly	فِعْلاً
Tahini (sesame seed paste)	طَحِينَة	To open the appetite	يِفْتَح الشهية للأكْل
Eggplant puree	بابا غَنّوج	Menu	قَائِمَة طَعَام
Preserved; pickled	مَكْبُوس	To translate	تَرْجَمْ/يِتَرْجِم/تَرْجَمَة
Eggplant	باذِنْجَان	It's hard for me	صَعْب عَلَيَّ
Cucumbers	خِيَار	Script; line	خَطّ (خُطُوط)
Plate, dish	صَحْن (صُحُون)	Hand	يَد (ايدي)
Excellent	مُمْتَاز	Handwriting	خَطّ يَد
Good healh	صَحَتَيْن	Bread	خُبْز
Receiver	سَمَّاعَة	Salad	سَلَطَة
Fils(pl. = money)	فِلْس (فُلُوس)	If you please	لَوْ سَمَحْت
To dial; hit	ضَرَب/يِضْرِب/ضَرْب	With pleasure, happily	عَلَى عَيْنِي
To phone(s.o.)	يُتَلْفِن لِ/تَلْفَن	Anything else?	أَيّ شي ثاني؟
To change (money); spend	صَرَف/يِصْرِف/صَرْف	Bring to me	جِيب لي
Dinar	دِينَار (دَنَانِير)	A bottle of mineral water	قُنَيْنة مي مَعْدَنية

Right away; immediately	حَالا	Certainly; by all means	مِنْ كُلّ بُدّ
		Really, truly	بِالْحَقِيقَة

문법 사항

1. 4자근 동사(تَرْجَم، تَلْفَن) 의 형태변화

تَرْجَم(translate) 현재동사 형태변화

يُتَرْجِم	تُتَرْجِم	يُتَرْجِمُوا
He translates	She translates	They translate
تُتَرْجِم	تُتَرْجِمِي	تُتَرْجِمُوا
You(m.) translate	You(f.) translate	You(pl.) translate
أتَرْجِم		نتَرْجِم
I translate		We translate

⇨ 동명사는 تَرْجَمَة, 명령형 동사는 تَرْجِم 이다.

2. 명령형 동사 용법

1형:	سَأَل (a) 접두사 إ	إسْأَل!	(m.s.)	ask!
		إسْأَلِي!	(f.s.)	
		إسْأَلُوا!	(pl.)	

	جَلَس (i) 접두사 اِ	اِجْلِس!	(m.s.)	sit down!
		اِجْلِسِي!	(f.s.)	
		اِجْلِسُوا!	(pl.)	
	دَخَل (u) 접두사 أ	اُدْخُل!	(m.s.)	enter!
		اُدْخُلِي!	(f.s.)	
		اُدْخُلُوا!	(pl.)	
2형:	접두사가 필요 없음			
	خَلَّص	خَلِّص!	(m.s.)	finish!
		خَلِّصِي!	(f.s.)	
		خَلِّصُوا!	(pl.)	
3형:	접두사가 필요 없음			
	حَاوَل	حاوِل!	(m.s.)	try!
		حاوِلِي!	(f.s.)	
		حاوِلُوا!	(pl.)	
4형:	접두사가 필요 없음			
	أَعْطَى	أَعْطِي!	(m.s.)	give!
		أَعْطِي!	(f.s.)	
		أَعْطُوا!	(pl.)	

5형:	접두사 ا			
	اِتْكَلَّم	اِتْكَلَّم!	(m.s.)	speak!
		اِتْكَلَّمِي!	(f.s.)	
		اِتْكَلَّمُوا!	(pl.)	
6형:	접두사 ا			
	اِتْعَاوَن	اِتْعاوَن!	(m.s.)	cooperate!
		اِتْعاوَنِي!	(f.s.)	
		اِتْعاوَنُوا!	(pl.)	
7형:	명령형이 거의 없음			
8형:	접두사 ا			
	اِشْتَغَل	اِشْتَغِل!	(m.s.)	work!
		اِشْتَغِلِي!	(f.s.)	
		اِشْتَغِلُوا!	(pl.)	
10형:	접두사 ا			
	اِسْتَعْمَل	اِسْتَعْمِل!	(m.s.)	use!
		اِسْتَعْمِلِي!	(f.s.)	
		اِسْتَعْمِلُوا!	(pl.)	

⇨ 중자음 동사 1형, 간약동사 1형의 명령형에는 접두사가 없다.

حَطّ		شاف(u)		جاب(i)	
حُطّ	put!	شُوف	look!	جِيب	bring!
حُطِّي		شُوفِي		جِيبِي	
حُطُّوا		شُوفُوا		جِيبُوا	

⇨ 동사 أكل / أخذ 의 명령형

كُل	eat!	خُذ	take!
كُلِي		خُذِي	
كُلُوا		خُذُوا	

연습문제) 다음 문장들을 명령형으로 바꾸시오.

1. أخذ الفلوس.
2. شافت رئيس البعثة.
3. يُرُوحُوا للمدرسة.
4. يِجِيب لي الجريدة كلّ يوم.
5. قالتْ لِي اسم الاستاذ الجديد.
6. أكلنا مكبوس باذنجان.
7. يِسْتَرِيح بعد السفرة.
8. أَزُور عائلتي.

9. يُسُوق سيّارته شويه.

10. يِتْعاوَن معهم في هذا الامْر.

3. إيّا 용법

두 개의 목적어가 있는 구문에서 직접목적어가 접미 대명사인 경우 쓰인다.

Let me see the room which they gave to you.	خَلّيني أَشُوف الغرفة اللّي أَعْطُوك إيّاها.
I gave it to you(m).	أَعْطَيْتَك إيّاه.
Do you(m) want it(f)?	بِدَّك إيّاها؟
She opened it for me.	فتحتْ لي إيّاه.
He wrote it(f) for us.	كتب لنا إيّاها.

연습문제) 예문과 같이 다음 문장들을 변형하시오.

> إجا امبارح. (بُكْرة) ← رَحْ يِجِي بكرة.

1. حطّينا الشنط في غرفتنا قبل ساعة. ← ____________________

(بعد عشر دقائق)

2. كان نائب رئيس الجامعة. ← ____________________

(بعد ستّة أشهر)

3. حَكَيْت مع الاولاد امبارح؟ ← ____________________

(بكرة الصبح)

4. أَعْطَتْنِي عنوان بيتهم قبل شوي. ⟵ ______________________

(لمّا أشوفها)

5. وَصَلَتْ عائلته قبل أسبوع. ⟵ ______________________

(الأسبوع الجاي)

6. انتظر أخوه الليلة الماضية. (الليلة) ⟵ ______________________

7. خَلَّص تنظيف الغرفة اليوم؟ (بعد بكرة) ⟵ ______________________

8. تركت أبوي وأمي لمّا رحت للجامعة. ⟵ ______________________

(لمّا أدخل الجامعة)

9. مشينا إلى البحر مع بعض امبارح. ⟵ ______________________

(مساء اليوم)

10. رُحْت السفارة للعَمَل امبارح. (بكرة) ⟵ ______________________

대화문-8

قَدَّيْش لازم أدفع ياتُرَى؟

١. مارك : اليوم عندنا عُطْلة في السفارة، وبما إننا مُعَطَّلين. فكَّرت إن الوقت مناسب حتّى أروح للسوق وأشتري كم هديّة للأصدقاء.

٢. حسن : بفِكْرك نوع خاص من الهدايا يا سيّد مارك؟

٣. مارك : أيوه. هدايا من المصنوعات المحلية التقليدية طبعًا.

٤. حسن : تِقْصِد المصنوعات المحلية يدوية؟

٥. مارك : تمامًا. الأشياء اللي عادة تُهُمّ الاجانب واللي لها عَلاقة بالحضارة في المنطقة مثل السجّاد والملابس التقليدية وغيرها.

٦. حسن : طَلَبك موجود في السوق الشرقية. هناك مَحَلّات كثيرة تبِيع التُّحَف والصناعات التقليدية وأعتقد إنّه لازم تَاخُذ تاكسي.

٧. مارك : وإذا آخذ تاكسي، قَدَّيْش لازم أدفع ياتُرَى؟

٨. حسن : لا تِدْفَع له أكثر من دينار ونصّ، إذا طَلَب أكثر لازم تِساوِمه وتِتَّفِقُوا على الأجرة قبلما تِرْكَب السّيارة.

٩. مارك : طيّب. ولازم أَعْطِيه بقشيش، مش هيك؟

١٠. حسن : أكيد. هذاك هي العادة هنا.

١١. مارك : وكيف طريقة المُساومة، وشو حُدُودها؟

١٢. حسن : في هذي السوق الاسعار غير محدودة. فإذا طَلَب منك التاجر ٦ دنانير، مثلا قُول له٣، واذا طلب قُول له ٤،٥ وهيك...

١٣. مارك : وإذا قال: "لا! هذا قليل!"

١٤. حسن : قُول له "زَيْن، رح أشوف محل ثاني". فهو رح يِنَزِّل السِّعْر لأنه يِخاف تُتْرُكه وتِشْتَرِي من غيره.

١٥. مارك : أنا شخصيًا أَفَضّل أَقْضِي في السوق كم ساعة أَتْعَرَّف فيها على المحلات والبضائع وأَقارِن بين الأسعار.

١٦. حسن : ممتاز. معك حقّ. لازم يكُون عندك فكرة واضِحة عن البَضائع والأسعار وهيك تِقْدَر تِقَرِّر ايش

تِشْتَرِي ومِنْ وين تشتريه.

١٧. مارك : ألف شكر على النَّصِيحة يا سيّد حسن!

١٨. حسن : العفو يا سيّد مارك! مُوَفَّق ، إن شاء الله.

어휘와 표현

المفردات والتعبيرات

before (followed by a verb)	قَبْلَما	Holiday, vacation	عُطْلَة (عُطَل)
Tip, gratuity	بَقْشيش ,بَخْشيش	On holiday, off work	مُعَطَّل
To lower, to reduce	نَزَّل/يِنَزِّل/تَنْزِيل	Craft	مَصْنوعات
Because	لِأَنّ	Local	مَحَلِّي
To fear, to be afraid(of)	خَاف/يَخَاف/خَوْف(مِن)	Traditional	تَقْلِيدِي
Personally	شَخْصِيًّا	To intend, mean	قَصَد/يِقْصِد/قَصْد
To prefer	فَضَّل/يِفَضِّل/تَفْضِيل	Manual	يَدَوِيّ
To spend(time)	قَضَى/يِقْضِي/قَضَاء	Handicraft	صِنَاعة يَدَوِيَّة
To get acquainted(with)	اِتْعَرَّف/يِتْعَرَّف/تَعَرُّف(عَلَى)	Rug	سَجَّاد
To compare	قَارَن/يِقَارِن/مُقَارَنَة	Exactly	تَمَاماً

Clear	وَاضِح	to concern	هَمّ/يُهُمّ/هَمّ
Advice	نَصِيحَة(نَصَائِح)	Relationship	عَلاَقَة(ـات)
How much	قَدَّيْش	Present, existing	مَوْجُود
To pay; push	دَفْع/يِدْفَع/دَفَع	stores	مَحَل(ـات)
To bargain; haggle with	سَاوَم/يِسَاوِم/مُسَاوَمَة	To think; believe	اِعْتَقَد/يِعْتَقِد/اِعْتِقَاد
		To agree(on)	اِتَّفَق/يِتَّفِق/اتِّفَاق(عَلَى)

문법 사항

1. بِما إنّ 용법

Since you are here, let's go together.	بما إنّك هنا، خَلّينا نرُوح مع بعض.
Since we're on holiday, I thought it would be a suitable time to go to the market.	بما إننا مُعَطّلِين، فكّرت إنّ الوقت مناسب حتّى أروح للسوق.
Since I'm free, let's go to the movies.	بما إنّي فاضي، خَلّينا نرُوح الى السينما.

연습문제) 예문과 같이 변형하시오.

أنا أجنبية. ما أعرف المدينة كويس. ← بما إنّي أجنبية، ما أعرف المدينة كويس.

1. المطعم قريب. خَلِّينا نمْشِي اليه. ← ____________________

2. ما عندك عصير برتقال. جيب لي ← ____________________

مي معدنية.

3. اليوم عطلة. ليش تريد تِشْتَغِل؟ ← ____________________

4. الطقس حِلْو. خَلِّينا نِفْتَح الشبّاك. ← ____________________

5. هذا المحلّ مُسَكَّر. رُوح الى محلّ ثاني. ← ____________________

6. إنت تعرف التاجر أحسن مِنِّي ← ____________________

سَاوِم إنت معه.

7. ما معي فلوس كفاية. ممكن أدفع بعدين؟ ← ____________________

8. هو المسؤول. اِسْألِيهِ. ← ____________________

9. ما عندكم سيّارة. تعالوا معي. ← ____________________

10. المدرسة مش موجودة. أُدْرُسوا لوحدكم. ← ____________________

2. لازِم يُكُون عِنْد 용법

You have to have a passport in order to travel. لازم يُكُون عندك جَواز سَفَر حتّى تِقْدَر تِسافِر.

I need to have a chance to study the lesson. لازم يُكُون عندي فُرْصَة حتّى أدرس الدَّرْس.

She should have more money to buy it. كان لازم يُكُون عندها فلوس أكثر حتّى تِشْتَرِيهِ.

I had to have a reservation or I should have had a reservation. كان لازم يُكُون عندي حَجْز.

3. بَعْدَما، قَبْلَمَا 용법

I want to see her before I travel. أَرِيد أَشُوفها قبل السَّفْرة.

I want to see her before the trip. أَرِيد أَشُوفها قبلما أَسافِر.

They spoke to us after they visited the museum. اِتْكَلَّمُوا معنا بعدما زاروا المتحف.

They spoke to us after visiting the museum. اِتْكَلَّمُوا معنا بعد زِيارة المَتْحَف.

4. 부정 명령문 용법

Don't pay him more than 1 1/2 dinars! لا تِدْفَع له أكثر من دينار ونص!

Don't be afraid (f.)! لا تِخافِي!

Don't get in the taxi (pl.)! لا تِرْكَبُوا التاكسي!

연습문제) 예문과 같이 명령형 구문을 부정 명령형 구문으로 바꾸시오.

أُكْتُب اسمَك. ← لا تُكْتُب اسمَك.

1. ساوِمي التاجر!

2. أعطيني المفتاح!

3. أُشْكُره على الهدية!

4. خُذ الاسنسير!

5. أُتْرُك الغرفة!

6. رُوحُوا الى المكتب!

7. بِيع سيارتك!

8. اِسْتَعْمَلِي قلمك الجديد!

9. اِمْشِي على طول!

10. اِشْتَرِي عنب!

11. قُول لي شو قال!

12. اِسْتَرِيح وقت طويل!

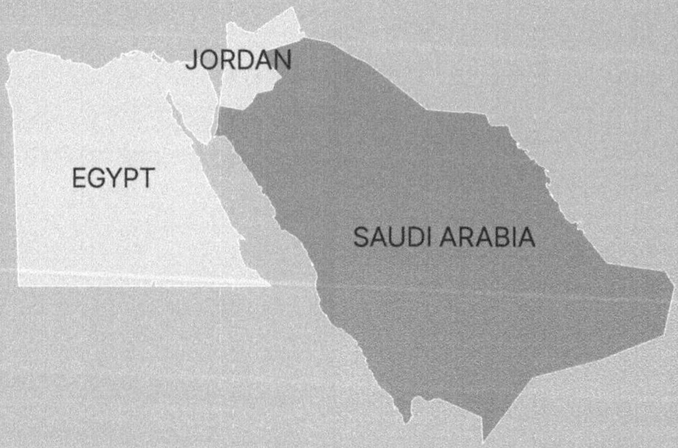
JORDAN
EGYPT
SAUDI ARABIA

제3장

사우디 구어체 아랍어

남부 셈어에 속하는 아랍어는 수브히 살리흐Ṣubḥi al-Ṣāliḥ의 분류에 따라 다음과 같이 북부 아랍어와 남부 아랍어로 구분된다.

① 북부 아랍어

– 사라진 아랍어: 사무드어, 사파어, 리흐얀어

– 생존한 아랍어: 히자즈어, 타밈어(나즈드어)

② 남부 아랍어: 미나어, 사바어, 카트반어, 하드람어, 힘야르어, 하바쉬어(고대 이디오피아어)

수브히의 분류에 따라 북부 아랍어는 사라진 아랍어에 속하는 사무드어, 사파어, 리흐얀어와 오늘날 현존하는 아랍어로 발전된 히자즈어와 타밈어로 분류된다. 사무드어, 사파어, 리흐얀어는 비문의 언어로 아라비아반도의 사막과 목축지역, 샴 지역 즉, 시리아의 다마스쿠스, 이라크의 농경 지역, 그리고 시나이반도 등지에서 발견되었고 아랍어 역사의 초기 단계를 알 수 있는 중요한 자료로 간주되어지나 소멸되었다. 반면 히자즈ḥijāz와 타밈어ṭamīm는 코란의 성문화codification에 기여하면서 현존하는 아랍어로 발전되었다. 언어·지리학적으로 히자즈어는 아라비아 반도의 서부 지역에서 사용되었던 꾸라이쉬, 키나나, 후다일, 사드 방언 등을 지칭하고, 타밈어는 반도의 동부 지역인 나즈드에서 사용되었던 아사드, 따이, 킬랍 방언 군에 속한다. 히자즈어는 메카와 메디나를 중심으로 사용되었고 타밈어는 반도의 중동부 지역의 소위 베두인어로 볼 수 있다. 남부 아랍어는 고대 예맨 지역에서 사용된 언어로 북부 아랍어에 비해 유래나 형성과정이 더 오래되었으며, 서체나 문법 규칙에서 이질적인 특징을 갖고 있다.

아랍인은 전통적 전승에 따라 북부 아랍인과 남부 아랍인들로 구분된다. 이 전승에 따라 아랍인은 다음과 같이 두 가지의 혈통으로 나누어진다.

(i) 아브라함과 하갈의 아들인 이스마엘의 후손 아드난ʕAdnān에 뿌리를 둔 북부 아랍인

(ii) 에벨의 아들 욕단과 동일시되는 까흐딴Qaḥṭān에 뿌리를 둔 남부 아랍인

아랍의 전승에 따르면 태고서부터 아라비아반도에 '잊힌 아랍인' al-ʕarab al-bāʔiduūn이 거주해온 것으로 알려져 있다. 코란에서는 그들이 불신앙으로 인해 벌을 받은 부족으로 언급되어 있는데, 아드Ād, 사무드Thamūd, 주르훔Jurhum 부족 등이 이에 속한다. 이후 아랍인들은 아드난계 북부 아랍인과 까흐딴계 남부 아랍인으로 나누어진다. 아드난계 북부 아랍인들은 나중에 아랍화 된 것으로 알려져 있다. 그래서 그들을 '아랍화된 아랍인' al-ʕarab al-mutaʕarribūn 또는 al-mustaʕribūn이라 부른다. 아드난계 부족으로는 후다일, 꾸라이쉬, 타밈, 아사드, 까이스, 라비아, 키나나, 사드, 따이, 등 히자즈와 나즈드 지역의 부족들이 있다.

기원전 12세기부터 기원후 5세기까지 아라비아반도 남부 지역에는 미나, 사바, 까따반, 힘야르 등의 남부 아라비아 왕국들이 번성했다. '아랍의 Felix'로 불렸던 이 지역은 관개시설이 발달되어 일찍이 농경문화가 자리를 잡았고, 해상 및 육로를 통한 무역이 번성했다. 사막의 유목민들이었던 북부 아랍인들은 남부 아랍인들과의 접촉을 통해 그들의 언어와 문화로부터 많은 영향을 받았다.

까흐딴계 남부 아랍인은 '잊힌 아랍인'의 후손으로 '진정한 아랍인' al-ʔArab al-ʕāribūn이라 불렸다. 남부 아랍인은 힘야르Himyar계가 대부분인 것으로 알려져 있다. 이들이 사용했던 힘야르어는 고대 남부 아랍어를 상징하지만 유감스럽게도 힘야르어에 대한 자료는 비문 이외에 이렇다 할 것이 없다.

그러나 라빈Rabin은 힘야르어에 대해 북부 아라비아에서 남부로 이주해온 소위 ʕrb 족속, 북부 아라비아 유목민의 언어로 추정했다(Rabin 1951, 42-53). 이러한 추정이 가능했던 것은 힘야르어가 북부 아랍인들에게 전혀 이해되지 못했던 언어가 아니었고, 북부 아랍어에 영향을 받았다는 것을 입증할 말한 증거가 있기 때문이다. 힘야르어의 주요 언어적 특징은 다음과 같다.

1) 격표지로서의 /mīm/의 사용

2) 한정사 /am-/의 사용

3) 불규칙 복수형

4) 형태 변화

이러한 특징들을 고려한다면 힘야르어는 다른 고대 예멘어와 달리 북부 아랍어의 영향을 어느 정도 받았다고 추론할 수 있다. 따라서 북부 아랍어와 남부 아랍어가 완전히 고립된 형태를 유지했다고 말할 수는 없다. 일반적으로 북부 아랍어는 아드난계 북부 아랍인이 사용했고 남부 아랍어는 까흐딴계 남부 아랍인들이 사용한 고대 예멘어로 정의할 수 있다.

1. 히자즈 방언과 나즈드 방언

사우디 구어체 아랍어는 지역에 따라 히자즈 방언(Urban Hijāz Arabic), 나즈드 방언(Najd Arabic), 동부 방언(Sharqi Arabic) 등 3개 방언으로 분류된다. 히자즈 방언은 제다, 타이프, 메카, 메디나 그리고 서부 연안 지역에서 사용되는 언어이다. 나즈드 방언은 리야드와 그 인근 주위, 반도의 북부와 중부 지역에서 사용되는 방언이다. 동부 방언은 유전지대가 밀집되어 있는 동부 지역에서 사용된다.

히자즈 방언은 정부나 상업적 목적은 물론 사우디아라비아 국가 전체에서 두루 통용되는 방언이다. 지역적 특성 때문에 사우디와 인접한 이집트 방언, 팔레스타인 방언, 요르단 방언 등에서 차용된 표현들이 많은 것이 특징이다. 주요 부족으로는 꾸라이쉬, 후다일, 아사드, 힘야르 부족들이 있다. 이 가운데 꾸라이쉬 방언은 코란 언어의 형성에 지대한 영향력을 미쳤던 상위언어이다.

반면 나즈드 방언은 수도 리야드 지역에서 사용되기 때문에 왕족의 언어로 주로 베두인들의 언어적 특성을 잘 보존하고 있고 보수성과 문어체 아랍어와의 근접성이라는 특징을 갖고 있다. 히자즈 방언은 사용 범위와 기능에 있어서 가장 많이 통용되는 언어이다. 주로 사회, 문화 분야에서 통용되며 다양한 방언들과 접촉하여 문어체의 특성을 다소 소실한 면은 있으나 사우디 화자들이 가장 많이 사용하는 방언이다.

이슬람 이전 시대 히자즈 방언과 나즈드 방언은 여러 부족들을 중심으로 사용되었고, 이중 사도 무함마드의 부족인 꾸라이쉬 방언이 가장 정확한 언어라고 무슬림 학자들은 주장한다. 이러한 주장은 전통적인 무슬림 학자들에 의해 제기되었고 고전 아랍어와 꾸라이쉬 방언을 동일시하는 배경이 되었다. 그들은 아랍어 방언들의 계층화를 통해 메카 지역 즉, 히자즈의 꾸라이쉬 방언이 다른 방언들보다 더 우월하며 이 방언들로부터 우수한 점을 흡수함으로써 공통어를 이루고, 이 공통어에 의해 고전 아랍어가 형성되었다고 주장했다.

그러나 서구학자들은 무슬림 학자들의 주장과 달리 고전 아랍어가 나즈드 방언을 중심으로 형성되었다고 주장한다. 그 근거로 히자즈 방언의 일부 언어적 특징들이 고전 아랍어와 배치되기 때문이다. 예를 들어, 성문폐쇄음 함자의 소실, 목적격 술어를 취하는 부정사 mā의 용법, 치간음의 소실, 자음 /q/의 유성음화, 수동태 구문의 소실 등의 히자즈 방언의 언어적 특징들은 고전 아랍어의 규칙과는 맞지 않는다. 따라서 히자즈 방언과 고전 아랍어를 동일시하는 것은 분명 문제가 있다.

더욱 주목할 만한 차이는 히자즈 방언에는 어미변화ʔiʕrāb 현상이 없었다는 점이다. 어미변화는 흔히 격변화로 해석되나 이는 명사와 형용사에는 해당되지만 미완료동사 활용에는 해당되지 않기 때문에 어미변화라는 용어가 적절하다. 실질적으로 히자즈 방언에는 이러한 어미변화 현상이 소실되었다. 어미변화 현상은 고전 아랍어의 매우 중요한 특징인데 이러한 현상이 없었다는 것은 히자즈 방언과 고전 아랍어를 동일시할 수 없는 결정적인 증거가 된다. 이슬람 이전 시대의 비문과 코란의 초기 표기법 어느 것도 어미변화의 소실의 이유에 대한 명확한 해답을 제시하지 못한다. 비문에서는 어미변화의 소실 여부를 입증할 증거가 없고, 코란의 초기 표기에서도 어미변화 현상은 목적격 이외에 주격과 소유격에 대한 어미는 표시되지 않았다.

단지 베두인 방언에는 베두인들이 어말 단모음 u, i, a를 운율의 일부로 길게 발음되는 경향이 있었고, 나즈드 지역의 시인들이 상층어로서 시어의 특징을 고수하기 위해 어미변화를 시켰다. 즈웨틀Zwettle에 따르면, '슈아라'라는 명칭은 '지식이 있는 사람들 혹은 알고 있는 사람들'을 의미하며, 그들은 언어의 신비로운 형태를 고수하는 사람으로 여겨졌고, 복잡한 어미변화를 활용할 수 있는 유일한 사람들이었음을 나타낸다(Zwettler 1978, 109). 어찌 되었든 어미변화 현상이 히자즈 방언에서 소실된 것은 사실이다. 이와 관련하여 코리엔트Corrriente는 히자즈 방언이 베두인 방언과 함께 격어미를 사용했으나 기능적 중요성이 크지 않아 소실된 것이라고 지적했다. 그는 어미변화의 기능성을 언급했는데 의미의 손실 없이 어미변화가 생략될 수 있다면, 어미변화 현상은 잉여적인 것으로 필요하지 않은 것이라고 주장했다(Corriente 1971b, 39).

결국 어미변화 현상의 소실은 이슬람 정복 기간 동안 아랍어가 새로운 변종으로 전환되는 과정에서 일어난 변화 중 하나로 이슬람 이전 시대의 방언들에서 이미 시작되었던 변화 과정의 연속이라 볼 수 있다. 코란의 표기법에서도 어미의 사용이 드물었고 이는 의미의 손실 없어서 가능했기 때문이다. 따라서 히자즈 방언에서 나타난 어미변화의 소실은 일종의 언어적 잉여 현상에 기인한다고 추론할 수 있다. 확실한 것은 이슬람 이전 시대에 양층언어 현상이 존재했으며, 코란의 성문화 과정에서 함자 사용과 어미변화가 엄격히 준수되었다는 점에서 고전 아랍어는 꾸라이쉬 방언에서 직접적으로 형성되지 않았다는 점이다. 그렇다면 코란의 성문화 과정에서 서부 히자즈 방언과 동부 나즈드 방언의 차이를 고찰함으로써 이러한 사실을 입증하는 것이 중요할 것이다. 두 방언의 차이점과 특성을 살펴보도록 하겠다.

이슬람 이전 당시 방언에 대한 자료가 빈약하고 연속성이 없기 때문에 방언의 분포와 각각의 차이를 정확히 구별하는 것은 쉬운 자업이 아니다. 그러나 동부와 서부 방언 간의 주요 차이를 다음과 같이 8가지의 음운적 차이로 설명할 수 있다.

첫째, 동부 방언에서는 마지막 자음군에 모음이 표기되지 않지만, 서부 방언에서는 모음이 첨가된다.

예) ḥusn(동부) / ḥusun(서부) ‘좋음’
fikhdh(동부) / fakhidh(서부) ‘넓적다리’
ʕunq(동부) / ʕunuq(서부) ‘목’

이러한 현상이 일어나는 것은 아마도 강세와 관련이 있는 것 같다. 그 이유는 동부 방언은 강한 기음적 강세를 갖고 있어서 마지막 자음군에서 모음을 발음할 필요가 없기 때문이다. 두 현상 중 어떤 것이 고전 아랍어에 나타나느냐고 말하기는 어렵다. 한 현상이 나타나기도 하고 두 현상이 함께 나타나기도 하기 때문이다.

둘째, 동부 방언에서는 모음조화 또는 모음 동화현상이 나타난다. 이러한 특징도 역시 동부 방언의 강한 강세 때문이며 이때 강한 강세가 모음의 동화현상을 일으키게 된다.

예) biʔīr(동부) / baʔīr(서부) ‘낙타’
minhim(동부) / minhum(서부) ‘그들로부터’

고전 아랍어에서는 단모음 /i/, 장모음 /ī/, 이중모음 /ay/ 다음에 접미 대명사 /–hu/, /–hum/, /–hunna/가 올 경우 모음동화가 일어난다. 그러나 히자즈 방언에서는 이러한 동화현상이 일어나지 않는다.

예) fīhim(고전 아랍어) / fīhum(히자즈 방언)

셋째, 동부 방언에서는 장모음 ā가 이말라ʔimālah 현상을 갖는다. 이말라 현상은 장모음 ā가 앞으로 당겨지면서 /e/로 발음되거나 모음 /a/가 /i/로 발음되는 현상으로 현대 아랍어 방언에서도 흔히 나타난다. 반면에 서부 방언에서는 문법학자들이 tafkhīm이라 부르는 현상이 일어난다. 일반적으로 이 현상은 연구개 자음 뒤의 모음의 원순화를 뜻하지만, 여기서는 /w/와 함께 쓰이는 코란의 일부 단어에서 /w/가 장모음 /ā/로 발음되는 현상을 말한다. 예를 들어, ṣalāt, zakāt, hayāt 등은 /w/가 장모음 /ā/로 발음됨으로써 형성된 것이다. 이 현상은 /w/를 장모음 /ā/로 나타내는 나바트 비문에서 발견되기도 하고 원순모음 ō로 나타내는 아람어와도 연관성이 있다.

넷째, 약자음 /w/를 갖는 간약동사 /qāla/의 수동형은 동부와 서부 방언에서 각각 /qūla/와 /qīla/로 다르게 발음된다. 서부 방언에서 /qīla/로 발음되는 것은 모든 아랍어 방언의 음운 목록에서 사라졌던 /y/의 잔재라 볼 수 있다. 고전 아랍어에서는 음운규칙에 의해 /qīla/가 수동형이 된다. 이 경우 간약동사의 수동형 활용은 히자즈 방언과 같다.

다섯째, 자음 /q/는 동부 방언에서는 무성음으로, 서부 방언에서는 유성음으로 다르게 발음된다. 자음 qāf는 원래 유성음과 무성음 중간상태의 기본 음소였다가 동부와 서부 방언에서 각각 다른 형태로 발전된 것이다. 현대 아랍어에서 자음 qāf는 무성음이지만 베두인 방언에서는 유성음으로 변이되었다.

여섯째, 히자즈 방언의 가장 두드러진 특징은 앞서 언급했듯이 성문폐쇄음 함자hamzah의 용이화 또는 소실이다. 히자즈 방언에서 함자는 둘째 음절에서 모음이 없을 경우 앞 모음의 장모음으로 발음된다.

예) biʔr 〉 bīr '우물'
raʔs 〉 rās '머리'
luʔluʔ 〉 lūlū '진주'

이외에도 모음축약이나 반자음으로 대치되기도 한다.

예) saʔala 〉 sāla '묻다'

sāʔirun 〉 sāyirun '걷고 있는'

yaqraʔu 〉 yaqrawu '그는 읽는다'

마지막으로, 히자즈 방언과 나즈드 방언의 현재동사는 1인칭의 경우 모음 /a/를 주어 표지어로 취하고 2, 3인칭은 /i/ 또는 /u/를 취한다. 모음 /i/를 주어 표지어로 취하는 현상을 탈탈라taltalah 현상이라고 부르는데, 이슬람 이전 방언들로부터 현존 아랍어 방언들에 남아있는 주요 특징이다.

지금까지 동부와 서부 방언의 차이점을 주로 음성·음운론적 측면에서 다뤄 봤다. 비록 그 차이점이 두 방언을 범주상 구분할 정도로 크지 않기 때문에 두 방언이 부분적으로 코란의 고전 아랍어의 형성에 기여했다고 볼 수 있다. 그러나 동부 방언에서의 함자의 사용과 자음 /q/의 무성음화, 히자즈 방언의 부정사 mā의 용법, 모음 동화현상, 그리고 무엇보다 어미변화 현상은 동부 방언이 서부 방언보다 고전 아랍어 형성에 더 기여했다고 볼 수 있다. 그럼에도 불구하고 서부의 히자즈 방언이 동부 방언보다 널리 사용되고 있다. 그러므로 현재의 히자즈 방언의 음성 및 형태적 특징을 살펴보는 것이 사우디 구어체 아랍어를 이해하는 데 도움이 될 것이다.

1) 음운 체계

히자즈 방언은 27개의 자음으로 구성되어 있다. 문어체 아랍어의 성문폐쇄음 /ʔ/을 제외하고 문어체의 음가를 거의 유지하고 있다. 타 언어의 접촉으로 다소 음의 변화가 있었지만 문어체 아랍어의 음에서 크게 벗어나지 않는다. 음의 변이는 다만 일부에서만 나타나고 있다.

① **성문폐쇄음** hamzah /ʔ/

히자즈 방언의 가장 두드러진 특징 중 하나는 성문폐쇄음 hamza의 용이화 또는 탈락이다. hamzah는 첫째 음절에서는 탈락되며, 둘째 음절에서 모음이 없을 경우 장모음으로 발음된다.

예) ʔinsān 〉 insān '사람'

bīʔr 〉 bīr '우물'

raʔs 〉 rās '머리'

luʔluʔ 〉 lūlū '진주'

이외에도 둘째 음절에서 탈락하거나 반자음으로 대치되기도 한다.

예) saʔala 〉 sāla '묻다'

sāʔirun 〉 sāyir '걷고 있는'

yaqraʔu 〉 yagraw '그는 읽는다'

② 치간음 ذ/dh/, ث/th/

히자즈 방언에서 문어체의 치간음 /dh/는 /d/ 또는 /z/로, 치간음 /th/는 /t/ 또는 /s/로 발음된다. 치간음의 소실은 베두인 방언을 제외하고 전체 방언에 나타나는 일반적인 현상이다.

예) hādhā 〉 hādā　　　ʔustādh 〉 ustāz

thalātha 〉 talāta/　　mathalan 〉 masalan

③ ق/q/ 〉 /g/

/q/의 유성음화는 베두인 방언의 대표적 현상이다. 그러나 도시 방언에서는 유성음화 현상에서 더 발전해 성문폐쇄음으로 발음되는 경향을 보인다.

예) taqrīban 〉 tagrīban　　　qalīl 〉 galīl

qalam 〉 ʔalam

④ ظ/ḏh/ 〉 ض/ḍ/

히자즈 방언에서 치간 인두화음 /ḏh/는 치음 인두화음 /ḍ/로 실현된다. 이러한 현상은 요르단, 이집트, 이라크에서도 쉽게 발견되는 현상으로 이는 두 음이 문어체 아랍어로 분화되기 이전 원시 아랍어에서는 하나의 음이었음을 시사해준다. 아마도 치간인두화음 /ḏh/는 꾸라이쉬 부족 방언의 특징적인 음인 /ḍ/에서 분화된 것으로 추정되는데 이는 두 음이 인두화음이며 조음점도 매우 가깝기 때문이다. 따라서 히자즈 방언에서는 /ḏh/음이 분화되기 전 원래 음인 /ḍ/로 발음되는 것이다.

baʕda al-ḏhuhr 〉 baʕda al-ḍuhr

⑤ **모음 체계**

히자즈 방언에는 /a/, /i/, /u/ 3개의 단모음과 /ā/, /ī/, /ū/, /ē/, /ō/ 5개의 장모음이 있다. 모음 /ē/는 이중모음 /ay/의 변이음이고 모음 /ō/는 /aw/의 변이음이다.

예) bēt 집	lōn 색깔
kēf 어떻게	yōm 날, 일
fēn 어디	fōg ~위에

2) 형태 체계

① **한정사**

문어체 아랍어의 한정사는 기타 방언에서는 /il-/ 또는 /el-/로 변이되지만, 히자즈 방언에서는 그대로 /al-/을 유지한다.

예) /al–walad/ /al–khēr/

② 수사

수사는 이라크나 동부 아랍어 방언과 마찬가지로 10에서 19까지 십 단위를 나타내는 /ʕashara/가 /ʕash/로 변이된다. 이러한 현상은 발음상의 잉여성에 기인한다고 볼 수 있다. 즉, 음운을 생략해도 의미의 변화에 영향을 주지 않기 때문이다.

예) siṭṭaʕash 16 talātaʕash 13

양수는 성의 구별 없이 어미가 /–ēn/으로 끝나며 모든 격에서 동일하다. 남성 규칙 복수형의 경우 격의 상관없이 /–īn/으로 끝나며 여성형은 /–āt/로 변이된다.

예) 양수 복수

bintēn mudarrisīn

waladēn mudarrisāt

③ 대명사

	인칭 대명사	소유격 접미 대명사	목적격 접미 대명사
I	أَنا	اِسمِي	تَرَكَنِي
you(m)	اِنْتَ	اسمَك/ak/	تَرَكَك
you(f)	اِنْتِ	اسمِك/ik/	تَرَكِك
he	هُوَ	اسمُه/u/	تَرَكُه
she	هِيَ	اسمَها	تَرَكَها

we	اِحْنا	لسمَنا	تَرَكْنا
you(pl)	اِنْتُوا	لسمَكُمْ	تَرَكْكُمْ
they	هُمَّ	لسمَهُمْ	تَرَكْهُمْ

④ **동사**

가. 과거동사 형태 변화

I	قُلْت	دَرَسْت
you(m)	قُلْت	دَرَسْت
you(f)	قُلْتِ	دَرَسْتِ
he	قل	دَرَس
she	قلَتْ	دَرَسَتْ
we	قُلْنا	دَرَسْنا
you(pl)	قُلْتُوا	دَرَسْتُوا
they	قلُوا	دَرَسُوا

나. 현재동사 형태 변화

1인칭은 주어 표지어 /a/로 시작하며 2, 3인칭은 중간모음이 /u/이면 /tu/ 와 /yu/로 시작하고, 다른 모음이면 /ti/와 /yi/로 시작한다. /ta/ 대신에 /ti/가 접두되는 것은 탈탈라규칙 때문이다. 1인칭 복수형은 중간모음에 따라 /nu/ 또는 /ni/로 시작한다. 2인칭 여성형은 /ī/로 끝나고 2, 3인칭 복수형은 /ū/로 끝난다.

دَرَس (u)의 현재동사 형태 변화

	요르단 방언	히자즈 방언
I	أَدْرُس	اَدْرُس
you(m)	تُدْرُس	تُدْرُس
you(f)	تُدْرُسِي	تُدْرُسِي
he	يُدْرُس	يُدْرُس
she	تُدْرُس	تُدْرُس
we	ندْرُس	نُدْرُس
you(pl)	تُدْرُسوا	تُدْرُسوا
they	يُدْرُسوا	يُدْرُسوا

2형–10형 동사 현재형의 1인칭은 /a/로 시작하나 2, 3인칭은 /ti/와 /yi/로 시작한다. 이러한 현상은 요르단 방언과 동일하다.

اشتغل (to work)의 현재동사 형태 변화

I	اشتغل /ashtaghil/
you(m)	تشتغل /tishtaghil/
you(f)	تشتغلي /tishtaghilī/
he	يشتغل /yishtaghil/
she	تشتغل /tishtaghil/

we	نشتغل /nishtaghil/
you(pl)	تشتغلوا /tishtaghilū/
they	يشتغلوا /yishtaghilū/

راح (to go)의 현재동사 형태 변화

	요르단 방언	히자즈 방언
I	أروح /ʔarūḥ/	اروح /arūḥ/
you(m)	تروح /trūḥ/	تُروح /turūḥ/
you(f)	تروحي /trūḥī/	تُروحي /turūḥī/
he	يروح /yrūḥ/	يُروح /yurūḥ/
she	تروح /trūḥ/	تُروح /turūḥ/
we	نروح /nrūḥ/	نُروح /nurūḥ/
you(pl)	تروحوا /trūḥū/	تُروحوا /turūḥū/
they(pl)	يروحوا /yrūḥū/	يُروحوا /yurūḥū/

⇨ 히자즈 방언은 요르단 방언과는 달리 어두의 주어 표지어 모음이 탈락되지 않는 것이 특징이다. 접두사 /ba-/ 또는 /bi-/가 현재동사에 붙게 되면 현재 진행 또는 습관의 의미를 나타낸다. 1인칭에서는 /ba-/가, 2, 3인칭에서는 /bi-/가 접두된다(요르단 방언과 동일).

2형 동사 دوّر على (to look for)의 현재동사 형태 변화 활용

I	بادوّر /bā-dawwir/
you(m)	بتدوّر /bi–tdawwir/
you(f)	بتدوّري /bi–tdawwirī/
he	بيدوّر /bī-dawwir/
she	بتدوّر /bi-tdawwir/
we	بندوّر /bi-ndawwir/
you(pl)	بتدوّروا /bi-tdawwirū/
they(pl)	بيدوّروا /bī-dawwirū/

⑤ 의문사

كيف /kēf/ 'how'　　ايش /ēsh/ 'what'

ليش /lēsh/ 'why'　　فين /fēn/ 'where'

من /min/ 'who'　　متى /mita/ 'when'

كيف تحبّ تشتغل؟ kēf tuḥub tishtaghil? 'How do you like to work?'

ايش تحبّ تشتغل؟ ēsh tuḥub tishtaghil? 'What do you like to work?'

ليش تحبّ تشتغل؟ lēsh tuḥub tishtaghil? 'Why do you like to work?'

فين تحبّ تشتغل؟ fēn tuḥub tishtaghil? 'Where do you like to work?'

من يحبّ يشتغل؟ min yuḥub yishtaghil? 'Who likes to work?'

متى تحبّ تشتغل؟ mita tuḥub tishtaghil? 'When do you like to work?'

⑥ 전치사

لِ (for, to)	في (in)	على (on, for)	بِ (by)	مع (with)	قَبْل (before)	بَعْد (after)
فوق (over)	تحت (below, under)	قُدّام (in front of)	ورا (behind)	مِن (from)	عَن (about)	زَيْ (as)

في البيت	'at home'	فوق/على المكتب	'over, on the desk'
أَحِبّ أَعْرَف عَنَك	'I'd like to know about you'	أَعْطي الرسالة هذي للسيّد سعيد	'Give this message to Mr. Said'
كَلّمْ لي السيّد سعيد	'Call Mr. Said for me'	بَادَوِّر على الشُّقَق	'I'm looking for apartments'
حُطّ بخمسة ريال طوابع على الظَرْف	'Put five riyal's worth of postage on the envelope'		

3) 통사 체계

① 부정사

히자즈 방언의 부정사에는 ما와 مُو가 있다. ما는 과거, 현재동사와 전치사 فيه(there is), عند(have)를 부정할 때 사용되고 مو는 대체적으로 명사문의 술어를 부정할 때 사용된다.

مافيه درس بكرة	māfīh dars bukra.	'There is no class tomorrow.'
ما عندي مانِع	mā ʕindi māniʕ.	'I have no objection.'
انا ما احبّ شغلي	anā mā aḥub shughli.	'I don't like my work.'
الجوّ ما صار حلو	al-jaww mā ṣār ḥilu.	'The weather didn't become good.'
البيت مو كبير	al-bēt mū kabīr	'The house is not big'
انا مو طيّب	anā mū ṭayyib.	'I am not well.'

특이할 점은 مَنّ/mann/라는 부정사가 접미 대명사와 형태 변화 하며 명사문을 부정할 수 있다.

I	منّي مبسوط /manni mabsūṭ/	I am not happy.
you(m)	منَّك ناجح /mannak nājiḥ/	You are not passing the test.
you(f)	مَنِّك مبسوطة /mannik mabsūṭa/	You are not happy.
he	منُّه جاي /mannu jāy/	He is not coming.
she	منَّها هنا /mannaha hina/	She is not here.
we	منَّنا رايحين /mannana rayḥin/	We are not going.
you(pl)	منَّكم ناجحين /mannakum nājiḥīn/	You are not passing the test.
they(pl)	منَّهم كاذبين /mannahum kāzabīn/	They are not liars.

② 목적어 용법

히자즈 방언은 간접목적어와 직접목적어가 오는 구문에서 직접목적어 자리에 독립대명사를 사용하는 특성이 있다.

اعطيني هو(ايّاه) aʕṭīnī huwwa. ‘Give it to me’

جِيب لي هي Jīb lī hiyya. ‘Bring it to me’

أرني همّ (w)arinī humma. ‘Show them to me’

انا أنَظِّف لك هو anā anaḍḍif lak huwwa. ‘I will clean it for you.’

③ 수식 관계

히자즈 방언도 문어체처럼 형용사가 명사의 성과 수를 따른다. 단, 양수의 경우는 복수형용사를 취하고 사물의 복수인 경우 복수형을 쓴다.

كتابين جدد kitābēn judud. 'two new books'

بيوت صِغار biyūt ṣughār 'small houses'

④ 미래사

히자즈 방언의 미래사는 هَـ 또는 راح가 있으며 현재동사에 접두되어 사용된다. 미래사 ه는 히자즈 전역에서 사용되는데 이는 이집트 방언에서 차용된 것으로 보여진다. 미래사 راح가 이집트로 전파되었다가 음운변이로 ه로 변화했다가 역으로 유입된 것이다. راح는 요르단 방언에서 رح로 축약되어 있다.

هتاكل داحين hatākul dāḥīn 'You(m) will eat now.'

هاجي الحفلة hājī al-haflah. 'I will come to the party.'

راح أرُوح المدرسة rāḥ arūḥ al-madrasah. 'I will go to the school.'

همّ راح يرُوحوا humma rāḥ yurūḥū. 'They will go.'

راح يِشْربوا الشاي rāḥ yishrabū as-shay. 'They will drink the tea.'

미래 시제의 부정은 부정사 ما 를 접두시켜 만든다.

انا ما هاروح المكتب داحين anā mā hārūḥ al-maktab dāḥīn. 'I won't go to the office now.'

انا ما راح أصْرِف المصاري anā mā rāḥ aṣrif al-maṣāri. 'I won't exchange the money.'

⑤ 지시사

남성 단수형		여성 단수형		복수형	
هذا	this	هذه	this	هذولا	these
هذاك	that	هنيك	that	هذولاك	those

히자즈 방언의 지시사는 요르단 방언의 지시사와 동일하다. 일반적으로 지시사는 지시받는 명사 앞에 오지만 히자즈 방언에서는 이집트 방언에서처럼 피지시어 앞이나 뒤에 올 수 있다.

هذاك الرِّجال	'that man'
الرجال هذاك	'that man'
اعطي الرسالة هذه للسيد سعيد	'Give this message to Mr. Sayed.'

⑥ 시간을 나타내는 불변사: تَوّ taww(just), دُوب dūb(just), قيد gīd(already)

이 불변사들은 동사의 행위를 수식하는 시간 불변사들이다. 동사의 성, 수, 인칭에 따라 목적격 접미 대명사와 함께 활용된다.

	تَوّ	دُوب	قِيد
I	تَوّي	دوبي	قِيدي
you(m)	تَوَّك	دوبَك	قِيدَك
you(f)	تَوِّك	دوبِك	قِيدِك
he	تَوُّه	دوبُه	قِيدُه
she	تَوَّها	دوبَها	قِيدَها
we	تَوَّنا	دوبَنا	قِيدَنا
you(pl)	تَوَّكم	دوبَكم	قِيدَكم
they	تَوَّهم	دوبَهم	قِيدَهم

توّه خرج tawwu kharaj.	‘He has just gone out.’
دوبي شربت dūbī shiribt.	‘I have just drunk.’

قيدي هنا من شهرين gīdī hina min shahrēn.	‘I have already been here for two months.’
عائلتي دُوبَها ما جتْ ʕāilatī dūbahā mā jat	‘My family has not arrived yet.’

사우디 방언 연습하기

대화문-1

اَحُبّ اَعَرِّفَك بنفسي

مستر جونز : مرحبا، اَحُبّ اَعرّفك بنفسي. انا اسمي ديفيد جونز واَحُبّ أَتْعَرَّف بك.

السيد رائد : اهلا بك، وانا اسمي رائد وهذي المدام ، وهذا ابني وهو يا سيدي امريكاني.

مستر جونز : ونعم يا سيد رائد، اِتْشَرَّفْت بِمَعْرِفَتَك.

السيد رائد : احنا اللّي اتشرّفنا بمعرفتك. ايش لُونَك ؟

مستر جونز : طيّب الحمد لله، انت كيف حالك؟

السيد رائد : زَيْن الحمد لله.

مستر جونز : بس يا سيد رائد، ممكن اَسْأَلَك سؤال؟

السيد رائد : اِتْفَضَّل.

مستر جونز : بس كيف يُكُون ابنك امريكاني؟

السيد رائد : لِاَنّه اِتْخَلَّق فى أمريكا.

مستر جونز : ايش اسمه ابنك؟

السيد رائد : اسمه احمد، عنده ستاش (ستة عشر) سنة.

مستر جونز : ما شاء الله، الله يِحْفَظه.

السيد رائد : الله يحفظك انتَ. بس اِنْتَ تِتْكَلَّم عربي طيِّب، كيف يِصِير؟

مستر جونز : انا درست العربي، خاصة اللهجة الحجازية، فى جامعة جورج تاون لمدة سنتين. وداحين مِسافر لجِدّة اَسَوِّي بحث عن المدارس والتدريس فى المملكة.

السيد رائد : بسنتين مُو معقول!، انتَ تِتْكَلَّم عربى بالمرة طيّب. إن شاء الله مُوَفَّق فى مُهِمَّتِك.

مستر جونز : شكرا. وانت يا سيد رائد إيش تِشْتَغِل؟

السيد رائد : يا مستر جونز! أنا مدرّس فى مدرسة الهدى في واشنطن، وبَادَرِّس عربي.

مستر جونز : سُبْحان الله يا أخي، يعني انت وانا تقريبا فى نفس المُهِمّة.

السيد رائد : هذا صحيح. وبإذن الله مِطَوِّل معنا في جِدَّة؟

مستر جونز : حوالي ست شهور.

السيد رائد : قَدَّيْش (كم المدة؟)، ست شهور بس؟ هذا قليل، لازم تُزُورني فى جدة.

مستر جونز : طبعا، اكيد. يُكُون لي الشَّرَف بزيارتك.

السيد رائد : فين تُسْكُن في جِدّة؟

مستر جونز : لِلحين ما ادري، بس ان شاء الله يكون قريب مِنَّك.

السيد رائد : ان شاء الله. هذا هو عنوان مكتبي، لازم تزورني.

مستر جونز : اكيد، إتْشَرَّفْت بمعرفتك يا اخي رائد.

السيد رائد : وانا كمان يا سيد جونز. فى اَمان الله.

مستر جونز : مع السّلامة.

어휘와 표현

المفردات والتعبيرات

Glory be to God	سُبْحان الله	I'd like to introduce myself	اَحُبّ اَعرّفك بنفسي
You're staying	مِطَوّل	Fine, thanks	زَيْن الحمد لله
How long	قَدَّيْش	was born	اِتْخَلَّق
Till now	لِلحين	God bless him	الله يِحْفَظه
For sure	اكيد	How it bocomes	كيف يِصِير؟
I will be honored to visit you	يُكُون لي الشَّرَف بزيارتك	Now	داحين
I don't know	ما ادري	I'm conducting	اَسَوّي
I'm honored to get to know you	اِتْشَرَّفْت بمعرفتك	Good luck	إن شاء الله مُوَفَّق

대화문-2

عندي مَشاوير

جونز : السلام عليكم

البواب : وعليكم السلام

جونز : اِسْمَح لي، كيف اروح اقرب مكتب بريد؟

البواب : لُفّ يمين فى آخر الشارع، وبعدين رُوح (امشي حتى) للإشارة ، واقْطَع (أُعْبُر) الشارع . بعد كده امشي شوية تقريبا خمسين متر تِلاقي (تِجِد) مدرسة، بريد مُقابل (أمام) المدرسة.

جونز : طيب. فيه بنك قريب؟

البواب : البنك الوطني، فى التحلية سنتر، بس لازم تاخُذ تاكسي.

جونز : يا تُرَى تِعْرِف إيش هي أوقات الدوام (أوقات العمل) بالبنك؟

البواب : كل الايام ما عدا الخميس والجمعة من الساعة ثمانية الصبح إلى ثلاثة ونص فى المِساء.

جونز : جزاك الله كلّ خير.

البواب : اهلا بيك (بك).

....

جونز : اَبْغَى أَرْسِل جواب لامريكا بريد جويّ مُسَجَّل.

موظف البريد : هذا وزنه ثقيل، من فضلك حُطّ بخمسة ريال طوابع على الظرف.

جونز : ابغى اَرْسِل طرد كمان، مِتَى يِوْصَل؟

موظف البريد : لو سريع فى ثلاثة أيّام.

جونز : مَشْكُور.

موظف البريد : لا شكر على واجب.

....

جونز : اَبْغَى اروح التحلية سنتر، كم تاخُذ؟

سوّاق التاكسي : عشرة ريال.

جونز : عشرة ريال ، هذا كثير.

سوّاق التاكسي : ابدا مُو كثير، هذي هي التعريفة.

جونز : طيب، يَلّا نِمْشي (نذهب) للتحلية سنتر، ابغى اروح البنك الوطني.

سوّاق التاكسي : اَبْشِر.

جونز : كم ياخذ وقت؟

سوّاق التاكسي : عشر دقائق.

جونز : اسمح لي، إيش هاذولا العماير (العِمارات)؟

سوّاق التاكسي : هاذولا عمارات سَكَن للتاجير.

جونز : سُوق شوية شوية من فضلك.

سواق التاكسي : ليش، أنا بَاسُوق بسرعة؟ اِنْتَ مَنَّك مبسوط من سِواقتي (قيادتي)؟

جونز : لا، بالعكس، انت تُسُوق بالمرة طيب، بس أبغى أشوف العماير.

سوّاق التاكسي : ابشر، داحين (الآن) اَخَلِّيك تْشُوف المكان من قريب.

جونز : شكرا.

سوّاق التاكسي : ورا (وراء) العمارة البنك حقّك.

جونز : طيب، اتفضّل عشرة ريال ، مع السلامة.

어휘와 표현

المفردات والتعبيرات

You're not happy	مَنّك مبسوط	I have errands	عندي مَشاوير
I let you see	اَخَلّيك تُشُوف	then	بعدين
Your bank	البنك حقّك	opposite	مُقابل
Thank you(May God grant you all his blessings)	جزاك الله كلّ خير	How much do you charge?	كم تاخُذ؟
I want	اَبْغى	Sure	اَبْشِر

대화문-3

مِحْتاج شِقة للإيجار

موظف الإستقبال : مكتب المَكَّوي للإسكان، اي خدمة؟

جونز : من فضلك، السيد سعيد موجود؟

موظف الإستقبال : تَوُّه خَرَج.

جونز : مِتى(متى) يِجِي ثاني؟

موظف الإستقبال : راجع بعد شوية.

جونز : ممكن أترك رسالة؟

موظف الإستقبال : اِتْفَضَّل.

جونز : انا اسمي ديفيد جونز و بَادَوِّر على شِقة للإيجار. قُولُه انّي جاي للمكتب.

موظف الإستقبال : مرحبا بك.

....

السيد سعيد : اهلا وسهلا، مستر جونز، اتفضّل، قالوا لى اِنَّك كَلَّمْتني حَوالِي قبل نص ساعة. إيش تِشْرَب؟ سُخُن وَلَّا بارد؟

جونز : لا شكرا.

السيد سعيد : مُو ممكن، لازم تِشْرَب حاجة، تشرب قهوة؟

جونز : لا شكرا. شِرِبْت قهوتي من شوية.

السيد سعيد : لا. بالله عليك لازم تشرب حاجة.

جونز : طيب، آخذ شاي.

السيد سعيد : ما تِضايَق لو شِرِبْته فى كوب زجاج؟

جونز : لا، بالمرة.

السيد سعيد : طيب، داحين نِقْدَر نُشُوف البِيوت المتاحة. هادولا هما شقتين جنب (بجوار) التحلية سنتر وثلاثة بيوت فى البغدادية.

جونز : انا ما اَبْغَى بيت، أنا اَفَضِّل شِقّة وَسْط البَلَد.

السيد سعيد : العائلة جَتْ (أتت) معاك؟

جونز : دُوبَها ما جت. إن شاء الله كمان شهرين.

السيد سعيد : فى الحالة هذي أحسن لك تُسْكُن في بيت. لانّ العوايل (العائلات) في المملكة ما تُحُبّ سَكَن الشقق العُزاب بس همّ اللي يُسْكُنوا في شقق.

جونز : طيّب، البيت اغلى مو كده (أليس كذلك)؟

السيد سعيد : مُو شرط (ليس شرط)، نِقْدَر نُرُوح داحين نْشُوفهم. عَسَى تِلاقي واحد يِناسِبَك.

어휘와 표현

المفردات والتعبيرات

للإيجار	For rent	ما تِضايَق	You will not be borthered
ثاني	again	المتاحة	available
بَادَوّر على	I'm looking for	دُوبَها ما جت	She didn't come yet
كَلَمْتني	You called me	مُو شرط	Not necessarily
وَلّا	or	عَسَى	It is hoped
من شوية	A while ago	تِلاقي	You find
بالله عليك	For God's sake		

대화문-4

إيش اسم هذي الأَكْلة؟

رائد : اتفضّلوا، الأكِل جاهز على السُّفْرة.

جونز : شكرا.

رائد : اتفضّل يا مستر جونز خُذ من هذا.

جونز : ايش اسم هذي الأَكْلة؟

رائد : هذي اسمها "سلق" من اكلاتنا الشعبية، وهو عبارة عن وَصْلات لَحَم و رُزّ (أرز)، بالمرة طِعِم، اتفضّل بالعافية. تِعْرِف طبعا إنّ رمضان بعد بُكرة.

جونز : ايوه أدري، ايش هي العادات في رمضان؟ إيش يِسَوُّوا الناس؟ سَمْحُوني للسؤال، بس ما عندي فكرة بالمرة.

رائد : أهلا فيك، ما فيه مشكلة، يا سيدي المسلمين كُلَّهم هَيْصُوموا طُول الشهر وما هَيَاكُلوا من الفجر. الى المغرب. وما راح يِشْرَبوا أو يِدَخِّنوا كمان من طُلُوع الشمس حتى غُروبها. ولكن يِقْدَروا يَاكُلوا بعد المغرب حتّى الفجر. صوم رمضان من اَرْكان الإسلام.

جونز : نعم، والحجّ كمان، مو كده؟ على فكرة هو مِتَى (متى) الحج؟

رائد : الحجّ في شهر ذو الحِجّة والمسلمين من كل العالم هَيِجُوا يِوَدُّوا فريضة الحج، سِمِعْت إن السنة هذي الحُجاج راح يُكُونوا اكثر من العام الماضي.

جونز : ممتاز، طيب إيش يُقُولوا الناس لبعض في هانولا المناسبات؟

رائد : في رمضان الأوادم (بني آدم/ الناس) تِبارك بعضها بِقُولَهُمْ "رمضان مُبارَك"، وفي الحجّ يُقُولوا " حَجّ مَبْرُور".

جونز : طيّب، وفي المناسبات الثانية زي الافراح مثلا؟

رائد : في العُرْس الأوادم تُقُول للعَرُوسة والعَريس "الله يِسْعِدهم" أوّ "بالأَفْراح والبَنِين".

جونز : طيّب، في زيارة المريض، إيش راح اَقُول؟

رائد : برّ وبعيد يا شيخ، بس عندك حق لازم تعرف إيش تُقُول في كل المَواقِف الاجتماعيّة. فلو زرت مريض تقول له "قدامك العافية" أو "لا باس عليك". وكمان تِقْدَر تُقُول "سلامتك من كل شرّ". إيش بيك يا مستر جونز انت ما بِتَاكُل. لازم تاخذ لَحَم كمان.

جونز : شكرا، انا اكلت بالكِفاية.

رائد : لا. ما يِصِير. لازم تاخذ ثاني، اعطيني صَحْنَك.

جونز : لا. عن جَدّ ما اقدر آكل أكثر.

رائد : لا. لازم تاخذ ثاني، بالله عليك تاخذ كمان.

어휘와 표현

المفردات والتعبيرات

They will perform the duty of Hajj	يِؤَدُّوا فريضة الحج	ready	جاهز
The pilgrims	الحُجاج	table	سُفْرة
those	هاذولا	Made of, consist in	عبارة عن
people	الأوادم	pieces	وَصْلات
Blessed ramadan	رمضان مُبارَك	Very delicious	بالمرة طِعِم
Blessed pilgrimage	حجّ مَبْرُور	Please, have some	اتفضّل بالعافية
Like the weddings	زي الافراح	What do they do	إيش يِسَوُّوا
With happiness and sons	"بالأفْراح والبَنِين"	but I don't have any idea at all	بس ما عندي فكرة بالمرة
Outside and distant (when talking about something bad)	برّ وبعيد	They will fast	هَيْصُوموا

May you recover quickly	قِدامَك العافية	They will not drink	ما راح يِشْرَبوا
honestly	عن جَدّ	They will come	هَيِجُوا
For God's sake	بالله عليك		

대화문-5

جونز يُرُوح السوق

جونز : ايش اسم هذا السمك؟

البيّاع : هذا السمك اسمه سمك موسى.

جونز : طاز ولّا مِثلّج؟

البياع : طاز، اليوم اِصْطَدْناه.

جونز : اعطني هُوّ من فضلك أشوف.

البياع : اتفضّل.

جونز : طيّب، كم سَعْره؟

البياع : الكيلو بعشرة ريال.

جونز : مُمْتاز، من فضلك ابغى منه اثنين كيلو.

البياع : اِبْشِر.

جونز : فين اَنَظّف السمك؟

البياع : انا اَنَظّف لك هُوّ.

جونز : مَشْكُور. طيّب، ابغى اقضي مقاضي ثانية. (أريد أن أشتري أشياء أخرى)

البياع : إيش همّ؟

جونز : خُضار وُفاكهة.

البياع : لازم تُرُوح الحَلَقة.

جونز : فين الحَلَقة؟

البياع : قريب من هِنا، هَاقُول (راح أقول) لِلصَّبِي يِوَرّيك الطريق.

جونز : طيّب، ابغى كَفِيَّة (كوفية) كمان، فين ألاقيها؟

البياع : في السوق جَنْب الحَلَقة. يا ولد، خُذ هذا الرجال للحلقة وكمان وَرّه فين السوق.

جونز : شكرا.

....

جونز : إيش شَكِل الكَفِيّة اللي عندك؟

البياع : عندي ثلاث أشكال.

جونز : أبغى أشوفهم كلّهم.

البياع : ابشر.

جونز : طيّب، هاذولا مو طيّبين، ابغى شكل احسن.

البياع : اتفضّل.

جونز : هذي الكفية بكم؟

البياع : بخَمَسْتَعَش (خمسة عشر) ريال.

جونز : هذي غالية جدا، آخِر كلام كم؟

البياع : لا، ما أبَدِّل كلامي ابدا، كلام واحد، خمستعش ريال.

جونز : لا تِقْدَر تَعْطِيني الكفية بـ اثناعش (اثنى عشر) ريال؟

البياع : لا، ابدا.انت منَّكْ فاهم المَصْنَعِيَّة في الكفية.

جونز : على كَيْفَك، ما أبغى، أنا هاروح هذاك الدكّان.

البياع : تعال، يا سيد، تعال تعال. راح اَبِيع لك هي بـ اثناعش ريال.

어휘와 표현

المفردات والتعبيرات

How much is this headscarp?	هذي الكفية بكم؟	fresh	طاز
I don't change	ما أَبَدِّل	or	ولّا
You don't understand	انت منَّكْ فاهم	We caught it	اِصْطَدْناه
The craftsmanship	المَصْنَعِيَّة	I would like	ابغى

As you wish	على كَيْفَك	sure	اِبْشِر
come	تعال	I go shopping	اقضي مقاضي ثانية
The produce market	الحَلَقة	He shows you	يوَرِّيك
		Show him	وَرِّه

강독문-1

سلام يا حبايب. أوّل شيء اَحُبّ اعرفّكم بنفسي، انا اسمي أحمد بن محمد صالح بن احمد المليباري.

انا من اهل مكّة المكرمة في المملكة العربية السعودية.

مِتْزَوِّج واحدة زيّي كمان من مكة واسمها نادية بنت أحمد الحويش. عندنا الله يحفظ لنا ولكم خمسة أولاد وبنتين، الاولاد همّ هتّان وعبد الرحمن ومحمد ومعن وزياد والبنات همّ لجين ومروج والله يحفظ لنا ولكم.

انا الولد البكر وعشان كده أبويا سمّاني باسم جدي الله يرحمه، جدي كان اسمه أحمد ويعني عندنا احنا عادة في مكة انه الأب يسمّى باسم أبوه ويسمى ولده زي اسم ابوه.

بالنسبة لهوايتي عندي هوايات كثيرة بس اكثر شيء احبّه، احبّ أركب أحصنة واحبّ اسبح واحبّ اَسافر كمان كثير احب اسافر واحب اتعرّف على البلدان واتعرّف على الناس.

어휘와 표현

المفردات والتعبيرات

الله يحفظ لنا ولكم	May God protect ours and yours	أحصنة	horses
الولد البكر	The eldest son	اتعرّف على	I get to know
وَرِّه	Show him	عشان كده	therefore

제4장
이집트 구어체 아랍어

1. 언어적 특징

1) 음운 체계

이집트 구어체 아랍어는 문어체의 28개 자음 이외에 외래어의 영향으로 /p/, /v/, /ž/ 등의 3개의 자음을 추가로 갖는다. 문어체와 구어체 아랍어의 자음들은 조음점 또는 조음 방법에서 두 어체 간의 차이를 보인다. 다음은 문어체 아랍어와 이집트 방언 사이에 존재하는 자음의 변이 현상을 보여준다.

① 성문폐쇄음 hamzah /ʔ/

이집트 방언에서 성문폐쇄음 hamzah는 히자즈 방언에서처럼 첫째 음절에서는 생략되고, 둘째 음절에서는 모음이 없을 경우 장모음으로 바뀌거나 생략된다.

biʔr 〉 bīr '우물'

raʔs 〉 rās '머리'

ʔisʔal 〉 sal '질문하시오'

ʔanā 〉 ana '나'

② 치간음 ذ/dh/ 〉 /z/, ث/th/ 〉 /t/ **또는** /s/

이집트 방언에서 문어체 치간음 /dh/는 /z/로 발음되고, /th/는 /t/ 또는 /s/로 발음된다. 이집트 언어학자 바다위(Badawi)는 교육을 받은 사람은 /th/를 /s/로, 문맹인은 /t/로 발음한다고 말했다. 대체적으로 /th/를 /t/로 발음하는 경향이 강하다.

مثلاً mathalan 〉 masalan　　　ثانٍ thānin 〉 tāni

إذا ʔidhā 〉 izā　　　هذا hādhā 〉 hāzā

③ /q/ 〉/ʔ/

이집트 방언에서 목젖소리 /q/는 성문폐쇄음 /ʔ/으로 발음된다. /q/음은 페니키아어에서 가끔 /ʔ/음으로 변했는데 이 현상이 영향을 준 것 같다. 음성학적으로 보면 /q/음이 뒤쪽에 있는 성문으로 조음점이 이동하여 /ʔ/로 발음된 것으로 보인다. 하 이집트 지역에서는 /q/음이 유성음 /g/로 발음된다. 그러나 종교적인 어휘, 지역 명칭 또는 혼동의 여지가 있는 어휘들의 경우에는 /q/를 /ʔ/로 발음하지 않고 본래의 음가대로 발음한다. 즉, /ʔal−qurʔān/와 /ʔal−qāhirah/ 등이 그런 경우에 해당된다.

qahwah 〉 ʔahwah　　qalam 〉 ʔalam

qāla 〉 gāl　　qalīl 〉 galīl

④ ظ/ḏh/ 〉 /ḍ/ 또는 /z/

이집트 방언에서 치간인두화음 /ḍh/는 치음인두화음 /ḍ/ 또는 /z/로 실현된다. 앞서 언급했듯이 치간인두화음 /ḍh/은 문어체 아랍어가 형성될 때 치음인두화음 /ḍ/에서 분화되었다. 분화과정에서 두 음은 혼용되다가 언어학자들이 두 음을 모아 기록한 이후부터 각기 다른 음가를 갖게 되었다. 그러나 방언에서는 두 음의 혼용 현상이 여전히 존재한다.

ظُهْر ḏhuhr 〉 ḍuhr, zuhr '정오'

نَظِيف naḏhīf 〉 niḍīf '깨끗한'

⑤ ج/j/ 〉 /g/

경구개음 /j/는 이집트 방언에서 연구개음 /g/로 발음된다. 이 현상은 이집트 방언에 존재하는 특수한 현상이지만 사우디 서부 해안 지역, 북부 수단, 예멘 지역, 모로코 방언에도 남아있다. 이러한 음의 변이는 히브리어와 고대 시리아 아람어의 영향으로 추정할 수 있다. 현재 히브리어에서는 /jamal/을 /gemel/로, /rajul/을 /regel/로 발음한다. /g/음의 사용은 원시 셈어에서 기인한 것으로 보이는데 그 이유는 초기 모든 셈어에 /g/음이 존재했기 때문이다. /g/음은 외래 차용어에서는 그대로 사용된다.

예) jamal 〉 gamal '낙타'

rajul 〉 rāgil '남자'

kharaj 〉 kharag '그는 나갔다'

(영어) gas 〉 gāz '가스'

(불어) garçon 〉 garsōn '웨이터'

⑥ **모음 체계**

이집트 방언은 /a/, /i/, /u/, /e/, /o/ 5개의 단모음과 /ā/, /ī/, /ū/, /ē/, /ō/ 단 5개의 장모음을 갖고 있다. 장모음 /ē/는 이중모음 /ay/의 변이음이고 /ō/는 /aw/의 변이음이다. 단모음 /e/는 문어체의 단모음 /i/의 변이형이다. 단모음 /o/는 /u/의 변이형이다. 한편 이중모음 /ay/와 /aw/는 완전히 소멸된 것이 아니라 /law/'if' /zayy/'like' 단어에는 사용된다.

예) bēt '집'	ṣōt '소리'
kēf '어떻게'	yōm '날, 일'
yaḥkī 〉 yeḥki '그가 이야기를 하다'	samiʕtu 〉 smeʕt '나는 들었다'

2) 형태 체계

(1) 한정사

이집트 아랍어의 한정사는 /il-/ 또는 /el-/로 변이된다. 대개 /el-/로 발음된다.

예) النور en–nūr/in–nūr 　　　　　‘빛’

اليفطة el–yafṭa/il–yafṭa 　　　　　‘신호’

(2) 대명사

이집트 아랍어의 독립대명사는 다른 방언과 같이 2, 3인칭 복수형의 성 구분이 없다. 히자즈 방언과의 차이점은 /i/ 모음이 /e/로, /u/ 모음이 /o/로 변이된다는 점이다.

독립대명사, 소유격 접미 대명사

I	/anā/	/bētī/
you(m)	/enta/	/bētak/
you(f)	/enti/	/bētik/
he	/howwa/	/bētu/
she	/heyya/	/bēthā/
we	/eḥnā/	/bētnā/
you(pl)	/entū/	/bētkom/
they	/homma/	/bēthom/

(3) 지시사

남성 단수형		여성 단수형		복수형	
this	ذا	this	ذي	these	دول
that	ذاهُوَّ	that	ذاهِيَّ	those	ذاهُمّ

이집트 방언의 지시사는 반드시 명사 뒤에 위치하며 히자즈, 요르단 방언과 달리 복수형에 /–k/의 어미를 취하는 않는 것이 특징이다.

العُمْرة ذي كبيرة.	'This building is large'
اصحاب العمرة ذول طَمَّعين	'Those landlords are greedy.'
اعطي الرسالة ذي للسيد سعيد	'Give this message to Mr. Sayed.'

(4) 의문사

who	مِين
how	ازّاي
why	لِيه
from where	مِنِين
which	ايّ
where	فِين
what	اِيه
when	لِمتَى
how much	قدّ ايه
how much	بكم

ازّايك يا دونالد؟ izzāyak ya donald?	How are yoy, Donald?
ليه سالت؟ lēh saalt?	Why did you ask?
مِنين تِجيب مبلغ زيّ ذا؟ minēn tegīb mablagh zayy dah?	Where can you get such an amount?
امتى هَتِخَلّص المدرسة؟ emta ha-tikhalliS el-madrasa?	When will you finish school?
عُمْرَك قدّ ايه؟ ʕumrak add eh?	How old are you?
تُسْكُن فين؟	Where do you live?

3) 통사 체계

(1) 동사 활용

① 과거동사

과거동사의 형태 변화는 히자즈, 요르단 방언과 차이가 없다.

	دَرَس	جا
I	دَرَسْت	جيت/gēt /
you(m)	دَرَسْت	جيت/gēt/
you(f)	دَرَسْتِ	جيتي/gēti/
he	دَرَس	جا/gā/
she	دَرَسَتْ	جَتْ/gat/
we	دَرَسْنا	جينا/gēnā/
you(pl)	دَرَسْتُوا	جيتوا/gētū/
they	دَرَسُوا	جوم/gōm/

② **현재동사**

현재동사 1인칭은 /a–/로 시작하고 2, 3인칭은 중간모음 /u/이면 /tu/, /yu/로, 중간 모음이 /a/ 또는 /i/이면 /ti/ 또는 /te/, /yi/ 또는 /ye/가 각각 접두된다. 모음 /i/와 /e/가 같이 발음되는 경향이 있다.

현재동사 형태 변화의 가장 특징적인 요소는 بِـ를 접두시킨다는 것이다. 이러한 형태는 히자즈, 요르단 방언에서는 현재 진행, 습관이나 관습 등을 나타나는 데 활용되는데, 이집트 방언에서는 بِـ를 접두시켜 현재동사를 만든다. 1인칭에서는 با가 접두된다.

	이집트 아랍어	히자즈 방언
I	بارْكَب	أَرْكَب
you(m)	بتِرْكَب	تِرْكَب
you(f)	بتِرْكَبِي	تِرْكَبِي
he	بيِرْكَب	يِرْكَب
she	بتِرْكَب	تِرْكَب
we	بنِرْكَب	نِرْكَب
you(pl)	بتِرْكَبُوا	تِرْكَبُوا
they	بيِرْكَبُوا	يِرْكَبوا

약동사 راح (to go), قال (to say)의 현재동사 형태 변화

I	بارُوح	بقول
you(m)	بِتْرُوح	بِتْقُول
you(f)	بِتْرُوحِي	بِتْقُولِي
he	بِيرُوح	بِيقُول
she	بِتْرُوح	بِتْقُول
we	بِنْرُوح	بِنْقُول
you(pl)	بِتْرُوحوا	بِتْقُولوا
they	بِيرُوحوا	بِيقُولوا

③ **조동사 لازم (should, must), عايِز (want), مُمْكِن (can, able to; maybe)의 용법**

위의 조동사들은 주어의 수, 인칭에 관계없이 형태 변화하지 않는다. 뒤에는 접두사 /bi/가 생략된 현재동사와 사용된다.

انتَ لازم تِتْكَلِّم معها

enta lāzim titkallam maʕahā. 'You have to speak to her.'

مش لازم نِخَلِّص قبلما نِمْشي

mish lāzim nikhalliṣ ʔablma nimshi. 'We don't have to finish before we leave.'

هوّ عايز يِرْكَب جمل

howwa ʕāyiz yirkab gamal. 'He wants to ride a camel.'

هيّ عايزة تِدْفَع الحِساب

heyya ʕāyiza tidfaʕ el-ḥisāb. 'She wants to pay the bill.'

ممكن تِدْفَع لي دِلْوَقْتي قبلما تِرْكَب الجَمَل

mumkin tidfaʕ li delwaʔti ʔablma tirkab el-gamal. 'You can may me now before you get on the camel.'

(2) 미래사

미래사 هـ 또는 حـ는 현재동사에 접두되어 미래 시제를 나타낸다. هـ는 히자즈 방언의 미래사 راح가 이집트로 전파되었다가 인두음 /ح/음이 발음하기가 어려워 음운 변이과정을 거친 결과이다. 결국 이집트 방언의 미래사는 두 가지 유형이 같이 사용된다. 그러나 대체적으로 발음을 구분하기가 어렵고 빈도수로 보면 هـ가 더 많이 사용된다.

	خُشّ (to enter)	قدَر (to be able to)
I	هلخُشّ	هاقْدَر
you(m)	هَتْخُشّ	هَتِقْدَر
you(f)	هَتْخُشّي	هَتِقْدَري
he	هَيْخُشّ	هَيِقْدَر
she	هَتْخُشّ	هَتِقْدَر
we	هَنْخُشّ	هَنِقْدَر
you(pl)	هَتْخُشّوا	هَتِقْدَروا
they	هَيْخُشّوا	هَيِقْدَروا

(3) 부정사

이집트 방언의 부정사에는 مِش/mish/와 ما...ش/ma⋯sh/가 있다. مِش는 대명사, 명사, 형용사, 부사, 조동사 등을 부정한다. 또한 미래 동사를 부정할 때도 사용된다.

مش انا mish ana 'not me'

مش ولد/ بنت mish walad/bint 'not a boy/a girl'

مش كثير mish ketīr 'not much, not many'

مش دِلْوَقتي mish delwʔti 'not now'

مش بكرة mish bokra 'not tomorrow'

انا مش عايز ادخل الحجرة 'I don't want to enter the room'

anā mish ʕāyiz adkhul el−ḥogra

همّ مش هَيْكُونُوا هِناك في المتحف 'They will not be there at the museum.'

homma mish ha−ykūnū henāk fi l−mathaf. 'I will not be able to enter the room.'

انا مش هاقدر اخشّ الحجرة

anā mish ḥāʔdar akhoshsh el−ḥogra. 'I will not come with you.'

انا مش هاجي معكم anā mish ḥāgī maʕakum.

반면 /ma…sh/는 현재 및 과거동사, 전치사구를 부정할 때 사용된다.

ما رحتش المدرسة امبارح

mā ruḥtsh el−madrasa imbāraḥ. 'I didn't go to the school yesterday.'

انا ما جيتش المتحف ذا من سنين

anā mā gētsh el−matḥaf da min sinīn. 'I have not been to this museum in years.'

انا ما باتكلّمش العربي

anā mā bātkallimsh el−ʕarabi. 'I don't speak Arabic.'

ما فيش مانع mā fīsh māniʕ. 'There is no objection.'

انا ما عندش قلم anā mā ʕandish ʔalam. 'I don't have a pen.'

(4) 연결형 구문

이집트 방언의 연결형 구문에는 بتاع/betāʕ/라는 연결사가 사용된다. 선행하는 단어가 여성일 때는 بتاعة/betāʕa/, 복수일 때는 بتوع/butūʕ/를 사용한다. 이 연결사는 문어체 تابع/tābiʕ/에서 자음 전위가 일어나 변이된 것으로 보인다.

المكتب بتاع الجامعة	The office of the university
بيِدْفَع التأمين بتاع البيت مَرّة كُلّ سنة	He pays the house insurance once a year.
الكلام بتاع الوزير خارج عن المَوْضوع تَمامًا	The minister's speech is absolutely outside the subject.
العربية بتاعة جاري زيّ العربية بتاعتي	My neighbor's car is like mine.

또한 بتاع 뒤에 접미 대명사가 오면 소유격 접미 대명사의 역할을 한다.

فيه المدرّس بتاعي في الصفّ.	There is my teacher in the classroom.
الكتاب بتاعَك فين؟	Where is your(m) book?
انا مش قادر ألاقي الجَزْمة بتاعتي.	I can not find my shoes.

이 연결사는 다른 방언에서 다양한 형태로 사용된다.

예) (알제리) البيت متاعي il-bēt matāʕī '나의 집'
(시리아) البيت تباعي il-bēt tabāʕī '나의 집'
(이라크, 쿠웨이트) هذا مالي hadā mālī '이것은 나의 것이다'
(히자즈, 수단) الكتاب حقّي il-kitāb ḥaggī '나의 책'
(모로코) الكتاب ديال زيد il-kitāb dyāl zayd '자이드의 책'

(5) 많이 쓰는 표현들

التعبيرات الشائعة

ممكن	صفحة كام	يعني ايه	ازّاي
May I/Can I	What page	What does it mean?	How
فيه / ما فيش	اِتْفَضَّل	مَعْلِش	طيّب
There is/there isn't	Please go ahead	Never mind	Good, OK
دِلْوَقْتي	بُكْرة	النَّهارْده	اِمْبارح
Now	Tomorrow	Today	Yesterday
الصبح	بالليل	الليلة	حالا
Morning	At night	Tonight	At once
بعد شويّة	بَعْدين	المَغْرب	الضُّهْر
After a while	Latter	Evening	Noon
كِفاية	من زَمان	من يومين	على طول
Enough	Long time ago	Two days ago	Straight away
يا تُرَى	عايز	حاضِر	حاجة
Wondering	to want	O.K	Something
عَشان	على فين	خُصوصا	عموما
Because/in order ro	Where to	Specially	Generally
من غير	لغاية/لِحد	ايه ذا؟	ليه بَقَى؟
Without	Until	What's this?	Why so?
رايِح	ناوي	مفروض	لازم/ضروري
Going	Intending	Supposedly	Must/necessary

بيفَضّل	قادِر	قاعِد	جاي
Prefer	Being able to	Keeping on/sitting	Coming
لِطَّمِّني	لَمَّا	على فكرة	جايِز
Don't worry	When	By the way	Probably
اُسْكُت	تَعال حالا	بَلاش	ايه رأيك في
Shut up	Come in now	Don't	What do you think
من بَرَّه	جُوَّة	قُدام	ورا
Outside	Inside	In front of	Behind
لابِس	سايِق	عايز	جاي
Wearing	Driving	Wanting	Coming
خارج	شايِل	شايف	ماشي
Going out	Carring	Seeing	Walking/leaving

연습문제

다음 문장을 번역하시오.

1. الطالب رايح الجامعة دلوقتي. ⟵ ______________________________

2. الموظّف ماشي حالا من الشغل. ⟵ ______________________________

3. الاستاذ سايق العربية الكِبيرة. ⟵ ______________________________

4. الولد شايف السبّورة من بعيد. ⟵ ______________________________

5. الراجل لابس حاجات جديدة وغالية. ⟵ ______________________________

6. البيّاع خارج من المحل بعد شوية. ⟵ ______________________________

7. الدكتور لسّا جاي دلوقتي. ⟵ ______________________________

8. المدير شايل الفلوس في المَحْفظة. ⟵ ______________________________

9. انتَ مش فاهم الدرس ذا. ⟵ ______________________________

10. احنا رايحين شرم الشيخ بالطيّارة. ⟵ ______________________________

11. هوّ فاضي مش مشغول. ⟵ ______________________________

12. الطالب كسلان، مش بِيذاكِر. ⟵ ______________________________

13. الراجل عطشان، عايز ميّه باردة. ⟵ ______________________________

14. الأكل في المطعم دا كويّس ورِخيص. ⟵ ______________________________

15. الجوّ اليومين دول حرّ قوي. ⟵ ______________________________

16. انا شايف المدرّس كويّس. ⟵ ______________________________

이집트 방언 연습하기

대화문-1

عادل : مساء الخير.

ريك : مساء النور.

عادل : انا عادل وهو فريد.

ريك : اهلا، انا ريك وذي مِراتي اِيرس.

عادل : اهلا وسهلا بِيكوا. اِنتوا مِنِين؟

ريك : انا امريكي لكن هيّ من المانيا. انتوا مصريين مِش كِدة؟

عادل : اَيوه. احنا مصريين. انتو بِتِعْمَلُوا ايه في مصر؟

ريك : انا طالب، بادْرُس عربي في الجامعة الامريكية، هيّ كمان طالبة. انت بِتِشْتَغَل ايه؟

عادل : انا استاذ في الجامعة المصرية.

فريد : انا موظّف في السفارة الكندية.

ريك : فرصة سعيدة.

فريد : انا اسعد، مع السلامة.

대화문-2

كيم : صباح الخير يا استاذة، آسفة، اِتْأَخَّرْت.

الاستاذة : معلش المرّة دي، اِتْفَضَّلِي. يا كيم فيه مكان ورا روب.

كيم : هنا كويس، قُدّام السَّبُورة ، شكرا.

الاستاذة : طيّب، فين كتابِك يا كيم؟

كيم : ياه، نِسِيت، الكتاب مش جوّه الشنطة.

روب : تعالي جنبي يا كيم.

الاستاذة : احنا في صفحة ٣ تمرين ٢.

كيم : يا استاذة عندي سؤال، يعني ايه "صفحة"؟

روب : ممكن انا اقول؟

الاستاذة : اتفضّل قول يا روب.

روب : "صفحة" يعني Page و"تمرين" يعني Exercise.

كيم : طيّب، وازّاي اقول I understand.

الاستاذة : قولي "أنا فاهمة."

대화문-3

فريد : صباح الخير يا عمّ عبده.

البقّال : صباح النور، اهلا يا بيه.

فريد : عايز، من فضلك، نص كيلو جِبْنة وربع كيلو جبنة رومي وعلبتين طماطم، وباكو شاي.

البقال : حاضِر. اي خدمة تانية؟

فريد : عندك بيض طازة؟

البقال : ايوه طبعا، عايز كم بيضة؟

فريد : هات لي من فضلك عشر بيضات، وكمان جيب لي بَرْطَمان مِرَبّى.

البقال : مربّة ايه؟

فريد : مربّة مِشْمِش.

بعد شويّة.

فريد : فيه صابون كويّس؟

البقال : فيه نوعين، محلي ومستورد. عايز ايّ نوع؟

فريد : عايز اي نوعَ كويّس، صابونتين كفاية، تُحُطّ الحاجة في كيسين؟

البقال : طبعا، ايّ خدمة تانية؟

فريد : لا. كِده بس، الحساب كده كام؟ آه نِسِيت، واحد زَبادي كمان.

البقال : اتفضّل، دي كل حاجة، الحِساب تمنْتاشر جنيه.

فريد : اتفضّل، عشرين جنيه وهات لي الباقي.

البقال : مافيش فكّة؟

فريد : تواني، اتفضّل.

البقال : شكرا مع السلامة.

대화문-4

جاك : تاكسي، تاكسي، فاضي يا أُسْطَى؟

السَّوّاق : على فين، إن شاء الله؟

جاك : رايح وِسْط البلد – ميدان التحرير.

السَّوّاق : اتفضّل.

جاك : يا ترى، الكوبري دا اسمه ايه؟

السَّوّاق : ذا كوبري قصر النيل. قديم قوي.

جاك : آه، ذي زحمة جدا.

السَّوّاق : ايوه، القاهرة زحمة عموما، وخصوصا وِسْط البلد.

(بعدين)

جاك : الحمد لله، هِنا كويّس، على اليمين عند الناصية دي من فضلك.

السَّوّاق : اي خدمة؟

جاك : شكرا، اتفضّل، دا جنيه.

السَّوّاق : ايه دا، يا بيه، جنيه شويّة قوي.

جاك : ليه بَقَى؟

السَّوّاق : عشان المِشْوار طويل والبنزين غالي.

جاك : هنا نص جنيه كمان، مبسوط؟

السَّوّاق : شكرا، مع السلامة.

강독문-1

النص الأول

عايز اقطع تَذْكَرة رايح جاي.

حامد مِسافر اسكندرية. هو عنده شُغْل، وضروري يِسافِر النهارده الصبح. ويِرْجِع في نفس اليوم. بس هو مِتْأَخَّر شوية. لازم ياخد تاكسي عشان يُرُوح محطّة مَصر اللي في ميدان التحرير. هو مِسْتَغْرَب عشان المحطة زَحْمة، وفيه ناس كِتير داخلين خارجين، وكمان الطابور طويل قُدّام شباك التذاكر. وطبعا لازم يُقَف فيه لغاية ما يِجِي دوره.

حامد : لو سَمَحْتِي، ممكن اقطع تَذْكَرة رايح جاي في قَطْر الساعة ٩؟

الموظّفة : حضرتك عايز تُرُوح (تِرُوح) فين؟

حامد : انا عايز اروح اسكندرية.

الموظّفة : درجة أولى ولّا تانية؟

حامد : ممكن اعرف بكام دي وبكام دي؟

الموظّفة : درجة اولى باتناشر جنيه. ودرجة تانية بعشرة جنيه بس من غير تكييف.

حامد : لا لا، الله يِخَلّيك، انا باحُبّ اَسافِر في التكييف.

الموظّفة : اتفضّل، اِسْتَنّى على رصيف نِمْرة ٥، القطر هَيْجِي بعد شوية.

حامد : شكرا.

التمرين

1. هو(مش) عايز يُرُوح المكتبة.

2. هو عايز يِسافر بكرة.

3. هو بِيْحُبّ يِرْكَب جمل في الهرم.

4. هو ضروري ياخذ تاكسي بسرعة.

5. هو مش قادر يِدْفع تذكرة الطيّارة.

6. هو مفروض يِطْلَع الاوتوبيس من السِّلَّم.

7. هو رايح يُقْعُد على الكرسي اللي في آخر الأوتوبيس.

8. ياترى هو ممكن يُرُوح ازاي؟ يركب ايه؟

9. هو مش جاي يذاكِر معانا.

10. هو مش ناوي يروح الحفلة.

강독문-2

النص الثاني

صباح الخير. أنا عماد. أنا مصري، اتولدت في القاهرة. أنا عايش دلوقت في الجيزة جَنْب الأهرامات. أنا عندي حوالي تلاثين سنة. باشتغل في مكتبة، أنا مدير الفرع بتاع الزمالك. باشتغل حوالي ست أيّام في الاسبوع – كل يوم من تسعة لستة ما عدا يوم الجمعة.

مِتْجَوّز من حوالي تمان سنين ، سنة ألفين وواحد (2001) وعندي بنتين ماريا عندها خمس سنين بتروح المدرسة. أنا باوَصّلها كل يوم الصبح بالعربية. وكلير عندها سنتين بنسيبها في البيت مع جدّتها عشان مامتها بتِشْتغل.

يوم الاجازة يوم الجمعة باحبّ أروح النادي ألعب تنس مع الكابتين رمضان. وكمان باحبّ أعمل أَكْل في البيت. يعني دا من الحاجات اللّي أنا باحبها قوي... مع السلامة.

연습문제 풀이

제2장 요르단 방언

49쪽

예문처럼 다음 질문에 답하시오.

1. أحمد كان معنا.

2. الحِوار كان بيني وبينك.

3. السيارة كانت معنا.

4. الساعة إلِيّ.

5. فاطمة سافرت معي.

다음 질문에 답하시오.

1. عندي شنطة واحدة.

2. مارك وصل قبل نص ساعة تقريبا.

3. السفارة الكورية في الدوار الرابع.

4. حجم شنطتي متوسّط.

5. ضيّعوا شنطتين.

6. رئيس بَلَدِي يون سوك يول.

7. نعم. معي سيارة هلّا.

8. عند أخي مشكلة.

9. أنا من كوريا الجنوبية.

10. اسمها مريم.

11. فيه عشر طاولات في المطعم.

12. لون سيّارتي أسود.

58쪽

다음 문장을 해석하시오.

1. 이것은 편안한 의자이다.
2. 이것은 중요한 문서이다.
3. 이들은 이집트 학생들이다.
4. 저것은 아랍 책이다.
5. 이 유적은 대단하다.
6. 저들은 아랍 장관들이다.
7. 저것은 어려운 언어이다.
8. 이들은 외국 지도자들이다.
9. 이것은 좋은 생각이다.
10. 저것은 중요한 부처이다.
11. 이 사람은 다른 친구이다.
12. 이것은 일간지이다.

67쪽

다음 예문과 같이 문장을 변형하시오.

1. أفتكر إنّها اِسْتَاجَرَتْ فيلا كبير.

2. أفتكر إنّه يرِيد يِسْألك سؤال.

3. أفتكر إنّه يِعْرِف من وين هي.

4. أفتكر إنّها اتزوّجتْ قبل شهرين.

5. أفتكر إنّه لازم يُشُوفَك.

6. أفتكر إنّه ممكن أَساعِدَكَ.

7. أفتكر إنّها ما فِهمَتْ السؤال.

8. أفتكر إنّهم رَح يُرُوحُوا يوم الخميس.

9. أفتكر إنّك نِمْت كل النهار.

10. أفتكر إنّكم تِعْرِفوا الأجوبة كلّها.

73쪽

다음 문장을 번역하시오.

1. 우리들은 그녀가 이름을 썼던 노트를 찾아냈다.
2. 이것은 외교부 소속 센터이다.
3. 홍해는 이집트와 사우디 사이에 위치한 바다이다.
4. 나에게는 정부에서 일하고 있는 친구가 있다.
5. 나는 그들이 나에게 주었던 새 사무실을 아직 보지 못했다.
6. 나는 나를 도와준 선생님들에게 감사했다.
7. 이것은 우리가 해결할 수 있는 문제다.
8. 이것은 내가 공부했던 언어가 아니다.
9. 그가 질문했던 질문이 무엇이니?

74쪽

괄호 안에 وحد의 올바른 형태를 기입하고 해석하시오.

1. يُحُبّ يسُوق السيّارة وحده.

2. سافرتْ إلى قَطَر وحدها.

3. تِقْدَري تِعْمَلي التمرين وحدك ؟

4. وَصَلَتْ مريم إلى المطار وحدها.

5. ترِيدوا ترُوحُوا إلى السفارة وحدكم؟

1. 그는 혼자 운전하는 것을 좋아한다.
2. 그녀는 혼자 카타르로 여행 갔다.
3. 네가 스스로 연습할 수 있겠니?
4. 마리아는 혼자서 공항에 도착했다.
5. 너희들은 스스로 대사관에 가는 것을 원하니?

78쪽

다음 문장을 번역하시오.

1. 그는 잔을 탁자위에 놓았다.
2. 그는 충분한 시간이 없다고 생각했다.
3. 그는 도시의 생활을 좋아했다.
4. 그들은 모든 문제를 해결했다
5. 그는 지도를 가리켰다.
6. 그는 아무 문제가 없다고 생각한다.
7. 그는 그들을 방문하는 것을 좋아하지 않는다.
8. 그는 가방들을 방에 놓는다.
9. 그는 문제를 해결할 것이다.
10. 그는 벽에 있는 사진을 가리킨다.

86쪽

다음 문장들을 명령형으로 바꾸시오.

1. خذ الفلوس.

2. شوف رئيس البعثة.

3. رُوحُوا للمدرسة.

4. جِيب لي الجريدة كلّ يوم.

5. قول لِي اسم الاستاذ الجديد.

6. كلوا مكبوس باذنجان.

7. اِسْتَرِيح بعد السفرة.

8. زُور عائلتك.

9. سُوق سيّارتك شويه.

10. تَعاوُن معهم في هذا الامْر.

87쪽

예문과 같이 다음 문장들을 변형하시오.

1. رح نحطّ الشنط في غرفتنا بعد عشر دقائق.

2. رح يكون نائب رئيس الجامعة بعد ستّة أشهر.

3. رح أحَكَيْ مع الاولاد بكرة الصبح.

4. رح تِعْطِيني عنوان بيتهم لمّا أشوفها.

5. رح تِوْصَل(تصل) عائلته الأسبوع الجاي.

6. رح يِنْتَظِر أخوه الليلة.

7. رح يِخَلِّص تنظيف الغرفة بعد بكرة؟

8. رح أترك أبوي وأمي لمّا أدخل الجامعة.

9. رح نِمشي إلى البحر مع بعض مساء اليوم.

10. رح أروُح السفارة للعَمَل بكرة.

92쪽

예문과 같이 변형하시오.

1. بما إنّي المطعم قريب، خَلّينا نمْشِي اليه.

2. بما إنّه ما عندك عصير برتقال، جيب لي مي معدنية.

3. بما إنّ اليوم عطلة، ليش تريد تِشْتَغِل؟

4. بما إنّ الطقس حِلْو، خَلّينا نِفْتَح الشبّاك.

5. بما إنّ هذا المحلّ مُسَكَّر، رُوح الى محلّ ثاني.

6. بما إنّك تِعْرِف التاجر أحسن مِنّي، سَاوِم إنت معه.

7. بما إنّه ما معي فلوس كفاية، ممكن أدفع بعدين؟

8. بما إنّه المسؤول، اِسْألِيهِ.

9. بما إنّه ما عندكم سيّارة، تعالوا معي.

10. بما إنّ المدرسة مش موجودة، اُدْرُسوا لوحدكم.

94쪽

예문과 같이 명령형 구문을 부정 명령형 구문으로 바꾸시오.

1. لا تِساوِمي التاجر!
2. لا تِعْطِيني المفتاح!
3. لا تَشْكُره على الهدية!
4. لا تاخُذ الاسنسير!
5. لا تَتْرُك الغرفة!
6. لا تُرُوحُوا الى المكتب!
7. لا تِبِيع سيارتك!
8. لا تِسْتَعْمَلِي قَلَمِك الجديد!
9. لا تِمْشِي على طول!
10. لا تِشْتَرِي عنب!
11. لا تُقُول لي شو قال!
12. لا تِسْتَرِيح وقت طويل!

연습문제 풀이

제4장 이집트 방언

150쪽

다음 문장을 번역하시오.

1. 그 학생은 지금 학교에 가고 있다.

2. 그 직원은 지금 직장에서 나간다.

3. 그 교수님은 큰 차를 모신다.

4. 그 소년은 멀리 있는 칠판을 본다.

5. 그 남자는 비싸고 새로운 것을 입고 있다.

6. 그 상인은 잠시 후에 가게에서 나간다.

7. 그 박사는 지금 아직 오고 있다.

8. 그 실장은 지갑의 돈을 빼고 있다.

9. 너는 이 과를 이해하지 못한다.

10. 우리는 비행기로 샤롬 세이크에 간다.

11. 그는 바쁘지 않고 한가하다.

12. 그 학생은 게을러, 공부를 안 해.

13. 그 남자는 목이 마르고 시원한 물을 원한다.

14. 이 식당의 음식은 맛있고 저렴하다.

15. 요새 날씨는 매우 덥다.

16. 나는 그 선생님을 잘 보고 있다.

구어체 아랍어 연습

초판 인쇄	2023년 3월 2일
초판 발행	2023년 3월 8일
지은이	최진영
발행인	고윤성
기획	신선호 박경민
편집장	장혜정
도서편집	노재은 변다은
디자인	정정은 최선아 김대욱
인사행정	이근영
재무회계	김문규 정예찬
전자책·사전	변다은
발행처	한국외국어대학교 지식출판콘텐츠원 02450 서울특별시 동대문구 이문로 107 전화 02)2173-2493~7 FAX 02)2173-3363 홈페이지 http://press.hufs.ac.kr 전자우편 press@hufs.ac.kr 출판등록 제6-6호(1969. 4. 30)
인쇄·제본	(주)트윈벨미디어 02)2088-1810

ISBN 979-11-5901-920-3 [13790]　　정가: 17,000원

* 잘못된 책은 교환하여 드립니다.

HUiNE은 한국외국어대학교출판부의 어학도서, 사회과학도서, 지역학 도서 Sub Brand 이다. 한국외대의 영문명인 HUFS, 현명한 국제전문가 양성(International+Intelligent)의 의미를 담고 있으며, 휴인(携引)의 뜻인 '이끌다, 끌고 나가다'라는 의미처럼 출판계를 이끄는 리더로서, 혁신의 이미지를 담고 있다.

MP3 음원 다운: press.hufs.ac.kr ▶ 게시판 ▶ 자료실